L'AFFAIRE LAKEHAL

La condamnation de l'indépendance intellectuelle

ISBN : 2-7384-5282-5

Georges Guermonprez

L'AFFAIRE LAKEHAL

La condamnation de l'indépendance intellectuelle

Éditions L'Harmattan
5-7, rue de l'École-Polytechnique
75005 Paris

L'Harmattan Inc.
55, rue Saint-Jacques
Montréal (Qc) – CANADA H2Y 1K9

PRÉFACE

Mokhtar Lakehal vit dans notre pays depuis vingt-trois ans. Après avoir travaillé dans des entreprises françaises de 1974 à 1979, il a opté pour l'enseignement des sciences économiques et sociales, du baccalauréat jusqu'aux concours administratifs catégorie A. Alors que nombreux sont ceux parmi ses collègues français qui ne font aucune recherche, il a publié dans notre langue quatorze livres, deux mémoires, une thèse de doctorat d'État et près d'une centaine d'articles et de critiques d'ouvrages de sciences économiques, politiques et sociales en France et à l'étranger.

Né en 1949, il fait partie d'une génération d'immigrés algériens qui ont connu la colonisation, la décolonisation et le socialisme bureaucratique. Contrairement à ses compatriotes qui ont quitté l'Algérie à cause du chômage, fonctionnaire de l'État algérien entre 1968 à 1973, Mokhtar Lakehal a décidé de s'installer en France, pays qui lui paraissait offrir de biens meilleures conditions d'accueil aux hommes de science et de culture. Quittant son pays, il a laissé derrière lui une université algérienne minée par les luttes d'influences linguistiques, politiques, ethniques et régionales. Mais il découvre, à ses dépens, une université française qui lui rappelle souvent ce qu'il a cherché à éviter en décidant d'émigrer d'Algérie. Il avait tout lieu de croire, que de l'autre côté de la Méditerranée les institutions fonctionnent dans le respect de l'indépendance intellectuelle; mais son expérience de candidat à la titularisation lui prouvera le contraire. Il pensait, comme le font tous nos amis francophones d'Afrique, que l'institution universitaire française récompense en priorité ceux qui la servent plus que ceux qui se servent d'elles comme tremplin pour des carrières parfois fort éloignées de l'enseignement.

De même, comme un certain nombre d'étrangers qui ont décidé de s'installer définitivement chez nous après une déception devant l'orientation générale de leur pays, Mokhtar Lakehal pensait trouver sa place dans un système universitaire au fonctionnement harmonieux. Mais il a découvert des pratiques corporatistes, souvent couvertes de précautions et parfois fortuitement dévoilées par leurs auteurs, comme en témoignent certaines allusions dans les rapports faits sur sa candidature à l'inscription sur la liste d'aptitude à la fonction de Maître de conférences.

En croyant légitimement que seul le travail sera récompensé, et non la filiation intellectuelle ou syndicale d'un candidat, on comprend qu'il ne puisse supporter le fait que des réseaux de relations l'emportent fréquemment sur le contenu du dossier d'un candidat jugé trop indépendant, dans une institution chargée de former une élite de la nation. En effet, le décalage entre la volonté des textes et les pratiques discriminatoires qu'il a pu observer au cours des cinq dernières années où il a vainement tenté de se faire titulariser dans l'université française, lui sont insupportables. Traumatisé par cette expérience, il n'arrive pas à admettre qu'un comportement universitaire courant puisse aboutir à l'attribution d'un poste à un étudiant qui vient juste de soutenir sa thèse, avec quelques articles publiés, trois ou quatre années maximum de TD, et refuser des candidats plus âgés titulaires d'un Doctorat d'État, avec plusieurs dizaines de publications et une longue expérience d'enseignement en rang magistral.

Depuis 1984, la loi permet aux universitaires étrangers enseignant dans nos universités de demander la titularisation, ils ne peuvent le faire dans les lycées sans demander la nationalité française. Connaissant l'importance des travaux de Mokhtar Lakehal et leur utilité pour notre pays et pour la francophonie, quand j'ai appris les difficultés qu'il a rencontrées pour tenter de se faire titulariser au poste de Maître de conférences, j'ai demandé à voir le contenu de son dossier pour me faire une idée de la nature du blocage de ses démarches.

L'examen attentif des pièces fournies m'a permis de comprendre pourquoi Mokhtar Lakehal ressent le refus de titularisation comme une injustice à l'encontre de sa personne et de tant d'autres candidats hétérodoxes ou étrangers se trouvant dans la même cas. Certes le fait d'être vacataire est une situation légitime pour un enseignant — français ou immigré — qui manque d'expérience et de publications suffisantes, mais elle devient inadmissible pour un enseignant expérimenté qui, depuis 1984, publie chaque année, dans notre langue, plus de trois cents pages de travaux sur les sciences économiques, politiques et sociales.

La France organise souvent des rencontres internationales dans le but de développer la francophonie, mais en décourageant les jeunes étrangers qui ont, comme Mokhtar Lakehal, investi dans notre langue, certaines pratiques universitaires ne concourent pas à la réalisation de ses objectifs. L'importance de son travail montre nettement que cet économiste algérien qui a choisi notre pays assume convenablement les deux missions qu'il s'est assigné au sein de l'université française : produire un savoir (voir Contributions, pages 114 et 116, Travaux, pages 129 à 144 et Articles, pages 145 à 150) et enseigner méthodiquement (lire témoignages de sympathie, lettres de soutien et lettres de reconnaissance, pages 155 à 168) en faisant profiter ses étudiants de sa double culture et de la diversité de ses expériences (voir Curriculum vitae, pages 112 à 119). Il semble peu probable qu'une université anglo-saxonne exprime une telle ingratitude à l'égard d'un universitaire pakistanais, égyptien, indien ou nigérian qui aurait publié, en langue anglaise, autant d'ouvrages et d'articles qu'en a rédigés, dans notre langue, Mokhtar Lakehal.

Le cas de cet universitaire algérien, qui probablement n'est pas le seul, devrait mériter toute l'attention des autorités de notre pays. Pour éviter d'apparaître ingrats envers ceux qui nous aident à faire rayonner notre langue en France et de l'autre côté de la Méditerranée, ne faut-il pas, pour une fois, se rappeler de ce qu'un grand homme politique français avait dit un jour? "Pour vendre français, il faut enseigner le Français". Mokhtar Lakehal a parfaitement rempli son contrat. Il honore notre pays par son oeuvre et ses enseignements, en apportant sa contribution intellectuelle et pédagogique, dans cinq grands domaines du savoir : histoire économique des grandes puissances industrielles, économie du développement, économie de la santé, épistémologie et pensée économique, méthodologie des sciences économiques et sociales.

La non-titularisation d'un économiste indépendant semble faire partie d'une stratégie corporatiste. Car, avec un doctorat d'État (jury à cinq membres), Mokhtar Lakehal est certes habilité scientifiquement à diriger les travaux de recherches universitaires, mais ne l'est pas administrativement dans le cadre de l'université française, parce qu'il doit être d'abord titulaire de son poste. Par conséquent, lorsqu'il est sollicité pour encadrer une thèse, il est forcé de répondre par ces formules-types : "Ce thème est fort intéressant, mais bien que je sois légalement habilité à encadrer des recherches universitaires, compte tenu de ma situation statutaire dans l'université française, il ne m'est pas possible d'encadrer officiellement votre travail en vue d'un Doctorat. Il faudra vous adresser à un universitaire français titulaire de son poste — ce qui n'est pas mon cas — pour assurer la poursuite de vos recherches. Je regrette de ne pouvoir répondre favorablement à votre demande, mais je reste à votre disposition pour vous aider."

Si pour un enseignant français marginalisé toutes les portes ne sont pas obligatoirement fermées, par contre lorsqu'il s'agit d'un universitaire étranger, l'ostracisme corporatiste et administratif débouche sur une situation intenable. Un universitaire étranger marginalisé ne peut être ni titularisé dans le supérieur, ni autorisé à exercer son droit d'encadrer des recherches, ni passer l'agrégation des lycées pour s'assurer la sécurité de l'emploi ou espérer travailler à l'université comme PRAG, c'est-à-dire professeur agrégé (donc titulaire de son poste) détaché dans l'enseignement supérieur.

25 octobre 1996

1990

SOUTENANCE DE LA THÈSE DE DOCTORAT D'ÉTAT

RAPPORT N° 1

présenté à Monsieur le Président de l'Université de Paris X (Nanterre) concernant la thèse de Doctorat d'État de Monsieur Mokhtar Lakehal Bouhadi Amar

La thèse de Monsieur Mokhtar Lakehal Bouhadi Amar, portant le titre "De la Sécurité Sociale à la prévention sociale", couvre un très vaste domaine de recherches très complexes, qui mériterait, pour être totalement exploré, de multiples connaissances et investigations d'ordre juridique, économique, financier, etc.

En son état actuel, la thèse de Monsieur Mokhtar Lakehal Bouhadi Amar, malgré les difficultés inhérentes à un tel sujet, paraît représenter une contribution digne d'intérêt.

De ce fait, je donne un avis favorable à la soutenance de cette thèse de Doctorat d'État.

Fait à Sceaux, le 21 mars 1990
P. M. C.
Professeur à l'université de Paris-Sud
(Paris XI Sceaux)

RAPPORT N° 2

sur le projet de thèse
de Doctorat d'État
de M. Lakehal
"De la Sécurité sociale
à la Prévention Sociale"

Le travail de M. Lakehal représente un projet très ambitieux, visant à analyser la Sécurité Sociale dans une perspective de longue période.

Plaident en faveur de ce projet

— La volonté de construction théorique, la clarté du plan, l'esprit de synthèse.

— L'attirance de l'auteur pour une réflexion multidisciplinaire

— La cohérence propre du système d'analyse mis au point par l'auteur.

Plaident contre le projet

— Une certaine superficialité dans l'analyse (l'abondance des références et leur utilisation quelque peu rhétorique finissent par indisposer le lecteur).

— Une absence d'analyse classique au sens strict du terme (ni Becker ni Mincer ne sont mentionnés — a fortiori utilisés).

— Une lacune étonnante pour un travail multidisciplinaire : la méconnaissance de l'oeuvre importante de François Erard ("L'État Providence").

Au total, je crois que les défauts du projet de thèse n'empêchent pas la soutenance, le niveau d'ensemble étant honorable — ils feront l'objet d'une discussion par les membres du jury, le jour de la soutenance.

Conclusion : Accord pour une soutenance

À Nanterre, le 30 mai 1990
O. F.
Professeur de Sciences économiques

RAPPORT N° 3

sur la thèse présentée par Monsieur LAKEHAL en vue d'un Doctorat d'État es sciences économiques

Monsieur Mokhtar Lakehal Bouhadi Amar présente en vue du doctorat d'État en sciences économiques une thèse intitulée "De la sécurité sociale à la prévention sociale", titre qui indique bien la démarche dynamique adoptée par l'auteur, à la fois sur le plan de la logique qui confère à la prévention sociale le soin de remédier aux insuffisances de la sécurité sociale et sur le plan de l'histoire puisque le déroulement de la thèse se veut également restitution d'un siècle de transformations de la protection sociale dans notre pays.

L'introduction de la thèse comporte trois points essentiels. Tout d'abord dans une démarche dont la dialectique n'est pas sans rappeler les travaux du Professeur Piettre, Monsieur Lakehal évoque l'extension successive de la couverture sociale qui nous a fait passer par "trois âges" celui de la sécurité professionnelle, celui de la sécurité familiale pour enfin aboutir à l'âge de la sécurité sociale laquelle "inclut l'ensemble de la population contre les risques générateurs de besoins" (p. 8). Ensuite sont suggérés trois approches possibles de la question : celle du libéralisme néoclassique, celle du marxisme, celle enfin, à laquelle se rallie l'auteur, en termes de dynamique des concepts qui implique que soient examinés les liens entre les concepts d'État, de besoin, de santé et de prévention. Enfin un plan ternaire est justifié, les trois chapitres constitutifs de la thèse devant nous faire passer d'un système de protection sociale (1880-1945) au changement de mobile du système (1945-1978) et enfin à la tendance à son dépassement (1978-1990). On retrouve donc bien dans cette introduction les trois règles traditionnelles de ce genre d'exercice : la définition d'une problématique, le choix d'une méthode, la justification d'un plan.

Le premier chapitre intitulé "les trois âges de la sécurité sociale" et qui s'ouvre page 19 par un tableau très suggestif reliant ces trois âges aux fonctions de l'État, aux caractéristiques du besoin, à la conception qu'on peut se faire de la santé, à la nature de la prévention mise en oeuvre (tableau qu'il conviendra de garder à l'esprit car il structure l'ensemble des concepts qu'utilisera l'auteur tout au long de son travail), traite successivement de trois points qui font aller en quelque sorte du passé au présent et à l'avenir.

Une première section décrit l'émergence du système, laquelle s'effectue en trois étapes. C'est d'abord la protection de la propriété privée que, grâce au calcul des probabilités, vont permettre les techniques de l'assurance (assurance incendie ou assurance vie), assurance qui est d'abord une activité suspecte nécessitant, à des fins de moralisation, une intervention étatique. C'est ensuite la reconnaissance du risque professionnel qui, pris à l'origine en charge par la mutualité, sera théorisé par Sismondi et mis en application par Bismarck. C'est enfin la couverture du risque famille à la reconnaissance sociale duquel contribuera fortement le catholicisme social. Si on retrouve dans cette première section nombre d'idées défendues naguère par Hatzfeld, Monsieur Lakehal sait leur donner une présentation originale.

Une deuxième section va étudier les caractéristiques du système contemporain de sécurité sociale sous trois angles successifs. Les principes fondateurs du plan de sécurité sociale présenté en 1945 par Pierre Laroque sont très différents de ceux défendus en Grande Bretagne par le célèbre rapport Beveridge. Organisée autour de la famille et non pas autour du chômage, notre sécurité sociale apparaît comme une institution universelle fondée sur le concept de "besoin manque". Si, quant aux conceptions philosophiques qui la sous tendent, la sécurité sociale peut tour à tour reposer sur les notions de justice humaine, de justice sociale ou de justice conventionnelle, on peut lui attribuer deux sortes de fonctions : l'une explicite de protection contre divers risques, l'autre implicite qui consiste à assurer les bonnes conditions de la reproduction sociale. Cependant l'institution rencontre un certain nombre de limites : la généralisation de la couverture à l'ensemble de la population a été longue à assurer, est imparfaitement acquise et fait l'objet d'un débat social dont les considérations idéologiques ne sont pas absentes; l'équilibre financier, véritable serpent de mer, est un problème auquel se trouvent confrontés tous les gouvernements; quant à son caractère redistributif si la sécurité sociale est un système de transferts sociaux, le problème de la compensation entre régimes entraîne des controverses opposant solidarité professionnelle et solidarité nationale et en conséquence renvoyant à ses modes possibles de financement (cotisations sociales ou impôts).

Une troisième section intitulée de la réforme (sous entendu celle de 1967) aux États généraux (ceux de la sécurité sociale de mars 1987) aborde successivement deux questions liées. Celle, tout d'abord, des limites de notre système actuel de santé : on retrouve là nombre d'idées défendues naguère dans l'ouvrage de Illich *La némisis médicale*, en particulier l'essor des maladies iatrogènes générées par une médecine technicienne et les conséquences en dérivant quant à la croissance des dépenses de santé, ce qui conduit Monsieur Lakehal à écrire "le déséquilibre financier de la sécurité sociale obligera dans l'avenir les patients et les médecins d'admettre que la santé a un coût même si on veut qu'elle n'ait pas de prix". Celle de la rationalisation de notre système de santé qui requiererait un certain nombre de mesures présentées pages 113 et suivantes, impliquerait aussi, dans une préoccupation de plus grande justice sociale, une remise à plat des règles propres à chacun des régimes et pourrait en définitive — l'auteur n'oubliant pas la démarche dynamique qui est la sienne — "aider les pouvoirs publics à combiner sécurité et prévention" (p. 126).

Un deuxième chapitre a pour titre "du besoin social au risque besoin". L'idée fondamentale qui l'anime pourrait être formulée comme suit : "le glissement de sens de la notion de risque vers le concept de besoin complique énormément la mission de la sécurité sociale. Car le concept de besoin est difficile à cerner, tout particulièrement lorsqu'il s'agit d'appréhender la santé, domaine où la part de subjectivité demeure assez déterminante" (p. 131) et ceci d'autant plus qu'on rencontre immédiatement deux formes de besoins : les besoins impératifs (needs), les besoins attentes (wants).

Pour débroussailler cette question complexe ce chapitre va commencer par effectuer une enquête pour voir ce que nous apportent les différentes disciplines qui traitent du besoin. L'économie pour laquelle le besoin est à la base de sa réflexion apparaît trop souvent comme "une science sans définition" (p. 141) par le glissement rapide qu'elle opère fréquemment vers l'utilité et la demande solvable, au moins dans son courant dominant issu du marginalisme qui fait sien le triptyque utilité-rareté-désir, auquel s'oppose, chez Marx par exemple, le triptyque travail-besoin-surplus. On voit déjà ainsi s'affronter une conception ahistorique et individualiste et une conception historisante et sociologisante du besoin. La psychologie, quant à elle, voit le besoin comme un état de tension entre une fin visée et des moyens disponibles pour y parvenir mais elle peut s'orienter soit vers un déterminisme biologique et génétique comme le font par exemple les behaviouristes soit vers une plus grande attention portée au symbolique. De même la sociologie peut mettre l'accent sur le rôle déterminant du milieu dans la genèse des besoins, auquel cas, utilisant la terminologie d'un Chombard de Lauwe, on aurait des besoins pouvant être qualifiés d'obligations soit sur l'importance des signes en tant que facteurs de différenciation sociale, auquel cas on aurait des besoins présentant plutôt le caractère d'aspirations.

Le titre et le contenu de la deuxième section de ce chapitre peuvent apparaître complexes. Ils s'éclairent toutefois par une brève remarque qu'on trouve page 191 : "si a priori les systèmes de protection sociale sont fondés sur "le risque social", a posteriori le "besoin social" demeure leur mobile fondamentale", d'où la nécessité d'explorer successivement et, en même temps, de prendre simultanément en compte les besoins et les risques. Les besoins, hiérarchisés par exemple par Maslow, ont des formes d'expression nombreuses, la capacité des systèmes économiques à les satisfaire est variable, la théorie économique pour en rendre compte fait appel aux ressources du marché ou, pour les biens collectifs, à d'autres types de mécanismes par exemple les théories de l'échange volontaire ou de la contrainte. La structure des risques peut faire l'objet d'une modélisation illustrée sur les cas de mortalité et de la morbidité, modélisation qui permet de mettre en lumière les rôles de la consommation, de l'environnement, de l'équipement, de la structure de la population. Parlant de risque là où il conviendrait de parler de besoin la terminologie laisse à désirer, c'est pourquoi si l'on veut donner quelque rigueur au concept de risque social, il convient d'explorer chacun des sept critères qui se trouvent invoqués pour caractériser un risque lorsqu'il devient social (le nombre, l'espèce humaine, l'organisation de la société, la modalité de la prise en charge, l'importance du dommage, le caractère obligatoire de la couverture sociale, la sommation des risques individuels). On se rendra alors compte que "le risque social est un risque historique" (p. 251), résultant d'une prise de conscience collective. Mieux vaut dès lors parler de risque besoin plutôt que de risque social ce qui "permet d'éviter la dichotomie dans les propositions de politique sociale" (p. 255).

Au terme de ces deux chapitres apparaît l'idée que, "conçue à l'origine pour maîtriser la dynamique des besoins impératifs la sécurité sociale se trouve aujourd'hui confrontée à la dynamique des besoins attentes" (p. 257), d'où la confusion souvent faite entre le droit à la santé qui relève des besoins impératifs (needs) et le droit aux soins qui relève des besoins attentes (wants), confusion que le chapitre va s'efforcer de dissiper en montrant comment, si la sécurité sociale a jusqu'ici privilégié le droit aux soins, la prévention peut tenter d'organiser le droit à la santé. Pour assurer cette démonstration la démarche va être ternaire.

Il convient d'abord de montrer la nécessité de la prévention car à chaque définition de la santé (absence de maladie, état complet de bien être ou état d'équilibre/déséquilibre dans un environnement instable) va correspondre un besoin différent. Pour que la prévention apparaisse comme une nécessité deux choses sont requises : la prise en compte des coûts cachés que comporte une instrumentalisation de la médecine curative et une médicalisation excessive de la santé; le souci de ne pas faire de la prévention un simple alibi mais un véritable besoin en l'organisant à ses trois niveaux : primaire (empêcher l'apparition de la maladie ou la réalisation d'accidents), secondaire (dépister les premiers symptômes afin de les combattre), tertiaire (surveiller les rechutes ou les séquelles) à la fois sous la forme de prévention-information et de la prévention-action.

Les domaines de la prévention sont divers. On peut distinguer en une première approximation une microprévention qui concerne l'individu et une macroprévention qui concerne l'environnement, débouchant toutes deux sur une anthropologie de la maladie qui va privilégier le culturel par rapport au biologique mais dont la mise en oeuvre peut poser des problèmes philosophiques concernant la liberté individuelle et les contraintes collectives.

Les orientations à donner à la prévention concernent en premier lieu les deux fléaux des sociétés modernes que sont le tabac et l'alcool. Même s'il n'est pas le seul, les médecins ayant eux aussi en ce domaine un rôle à jouer, c'est toutefois l'État qui doit être le principal propagateur d'une politique de prévention en dépistant les maladies à caractère social et les handicaps, en formant le personnel de santé, en éduquant, au besoin par les voies de la propagande sociale, les populations et ceci essentiellement dans trois domaines : l'environnement, le travail et le milieu socioculturel.

Le travail présenté par Monsieur Lakehal est fortement pensé, écrit dans une langue agréable qui sait éventuellement utiliser les ressources de la formule choc. Il représente aussi la défense, souvent passionnée, d'une thèse qui risque d'aller à l'encontre sinon d'idée reçues du moins d'évidences non suffisamment étayées. Son ambition, en traitant de la sécurité sociale, était moins d'en faire une analyse technique qu'on peut souvent rencontrer à l'heure où se posent pour elle de délicats problèmes financiers, mais de réfléchir sur ses fondements et de voir les éventuels dépassements qu'on peut légitimement anticiper en posant pour cela des questions qui pourraient apparaître provocantes mais qui méritent réflexion. C'est pourquoi nous concluons positivement à admission à soutenance.

G. C.
Professeur de sciences économique
À l'université de Paris X Nanterre

EXPOSÉ

de la thèse devant le jury de soutenance[1]

— Motivations.

Si ma spécialisation en sciences économiques est vraiment le fruit du hasard, en revanche le choix de mon sujet de thèse fut dicté par des circonstances précises.

En 1976 une alerte est lancée par les responsables de la Sécurité sociale sur la situation financière de cette institution. Je me suis mis à lire de plus en plus d'articles, d'ouvrages et publications spécialisées sur le thème.

Mais, craignant que ma licence d'économie politique de l'université de Vincennes ne soit pas reconnue réellement dans mon pays, j'ai demandé mon transfert à Paris-I, où j'ai obtenu en juin 1977 une maîtrise de sciences économiques, option socioéconomie de la ressource humaine. Je quitte cette université pour venir à Nanterre faire un D.E.A., où les conceptions de la santé chez les Professeurs Borrely et Andréani correspondaient davantage à ma philosophie et surtout à mon expérience personnelle. Alors j'ai commencé à faire des recherches, encouragé par l'humanisme et la disponibilité du Professeur Edgard Andréani auquel je rends hommage dans l'avant propos de cette thèse.

— Apports et limites de la thèse

Cet ensemble de circonstances va créer en moi une affinité indéfectible pour le thème de la protection sociale, plus

[1] Le jour de la soutenance, le jury indique au candidat qu'il dispose de 10 minutes pour exposer ses travaux de recherche, le débat a duré 2 heures et demie.

précisément pour la prévention que je définis dans cette thèse, à la fois comme une science et une pratique.

Dans une premier temps, je me suis intéressé à la relation besoin-sécurité, mais j'ai compris qu'il manquait un terme essentiel : le risque. La construction du triptyque : risque-besoin-sécurité, m'a donné l'idée des "coûts cachés" et l'idée "des trois âges". Comme je menais parallèlement un travail sur les systèmes comparés, j'ai donc tenté de construire un cadre systémique dans lequel aurait évolué le triptyque. Finalement, je découvre que si le système de besoins est fondé sur la cardinalité suivante : subordination, irréductibilité, prolifération et satiété, il est lui même un élément d'une cardinalité plus ample: Etat-Besoin-santé-prévention, dont la forme et la spécificité sont déterminées par chacun des trois âges de l'évolution de la protection sociale.

La médiatisation des problèmes de santé et de protection sociale durant les dix dernières années a mis en évidence les lacunes en matière de recherche sur "les coûts cachés", domaine délaissé par les économistes au profit des analyses sur "les coûts formels". J'ai donc pris le risque d'aller explorer un champ de recherche habituellement occupé par les sociologues, les psychologues et les praticiens attitrés du social. Mais j'y suis entré avec la problématique de l'économiste que l'expérience de l'exil a mis à équidistance du marxisme et du libéralisme.

Partant de l'idée des trois étapes de la protection sociale, en introduisant la distinction entre deux catégories de besoins : besoins impératifs et besoins attentes, tout en insistant d'emblée sur les rapports État, besoin, santé, prévention, j'ai essayé d'articuler, de manière dynamique, trois idées essentielles.

1) Parmi les très nombreuses sociétés de pénurie, seulement quelques unes ont franchi une étape ultime de développement qui les a fait passer au stade de la société d'abondance. Mais à l'épreuve des faits, elles n'arrivent pas à

garantir le droit à la santé, qu'elles perçoivent toujours comme un besoin impératif, mais seulement le droit aux soins plus facilement identifiable à un besoin attente. La substitution effective du premier droit au second et son respect absolu fera changer radicalement la nature des relations sociales.

2) Conçue à l'origine pour maîtriser la dynamique des besoins impératifs, la Sécurité sociale se retrouve aujourd'hui entraînée par la dynamique des besoins attentes. Les aspirations légitimes ne se distinguent plus du désir de perfection, surtout quand la technique et l'information franchissent une certaine étape de leur développement. Dans cette perspective, je ne vois pas comment cette institution pourrait se maintenir en se laissant entraîner par la dynamique du désir de perfection. Seule une prise de conscience collective, favorisant la liberté et la responsabilité, pourrait conduire les individus à ne plus confondre *le droit à la santé* et *le droit aux soins*.

3) Au lieu de faire des analyses en termes abstraits sur les besoins sociaux — un concept mal cerné —, mieux vaut déterminer les risques créateurs de besoins. Ensuite, concevoir des politiques de prévention adaptées aux particularismes biologiques des patrimoines génétiques, c'est-à-dire au programme de vie de chaque individu. Cela atténuerait la dépendance à l'égard de l'État providence entretenue par la Sécurité sociale et inciterait au développement de la responsabilité individuelle dans la sauvegarde du patrimoine santé. Cette attitude a maintes fois permis aux institutions de détecter préventivement les coûts cachés et réduire leur incidence sur le budget.

La poursuite de cette recherche peut se faire dans cinq domaines complémentaires. 1) Les rapports prévention-liberté. 2) Les relations entre propagateurs de prévention. 3) L'utilité d'une institution de sécurité préventive nationale. 4) L'élaboration d'un modèle mathématique d'évaluation de l'action macropéventive. 5) L'analyse du fonctionnement du marché de la prévention.

— **Difficultés rencontrées**

D'abord d'ordre matériel. Faire vivre une famille en donnant 24 à 28 heures de cours par semaine, tout en poursuivant des recherches. Il fallait donc que je sois fortement passionné par mon sujet pour résister à cette charge et mener à terme la recherche.

Difficultés d'ordre personnelle. La longue maladie et la perte en fin 1988 de mon direction de thèse, Edgard Andréani, furent des moments où même la force de caractère ne pouvait empêcher la cassure dans le rythme et l'enthousiasme avec lesquels je menais cette recherche.

Difficultés d'ordre méthodologique. Pour démontrer l'efficacité de la prévention, il fallait ou bien des études des coûts-avantages ou bien un modèle mathématique. J'ai tenté d'utiliser les deux méthodes. La difficulté c'est de déterminer mathématiquement les parts respectives de la médecine, de la nourriture, de la culture et de la prévention dans l'abaissement des taux de mortalité infantile, par exemple.

Ce travail pouvait se faire, avec des hypothèses savantes, mais risquerait d'être interprété comme une recherche de mathématiques appliquées et non d'économie appliquée. J'avais la possibilité de construire un modèle ultra-abstrait en collaboration avec des laboratoires de recherches mathématiques. Cela aurait allongé le délai de soutenance de cette thèse, j'ai donc préféré renoncer pour revenir plutôt à des techniques plus familières aux économistes, comme *L'analyse des données.*

Nanterre, le 4 juillet 1990
Mokhtar Lakehal

RAPPORT N° 4

sur la soutenance de thèse
de Monsieur LAKEHAL

Monsieur Lakehal présente en vue du doctorat d'État en sciences économiques une thèse intitulée "de la Sécurité sociale à la prévention sociale" devant un jury composé de M.M. G. C., Professeur à l'Université de Paris X; O. F., Professeur à l'Université de Paris X; A. N., Professeur à l'Université de Paris X; P. M. C., Professeur à l'Université de Paris XI; J. P. C., Directeur de recherche au CNRS; et présidé par M. le Professeur A. N.

Monsieur Lakehal présente son travail, indiquant d'emblée que ce n'est ni à l'histoire, ni à l'institution de la Sécurité sociale qu'il est intéressé, mais aux paradigmes fondateurs de notre système de protection sociale avec la perspective d'une mise en place d'une protection sociale généralisée. De ce fait, la recherche prend simultanément en considération les besoins ressentis, les risques qu'il faut assumer, la santé aux dimensions multiples. Monsieur Lakehal, après avoir souligné les difficultés rencontrées pour mener à bien ce travail, présente ce qu'il considère comme les trois apports essentiels de sa recherche :

— L'idée que le droit à la santé a trop souvent été travesti en un droit aux soins;

— La thèse que la sécurité sociale représente une réponse à la dynamique des besoins impératifs et est attirée vers la dynamique des besoins attente, posant le problème de la cohabitation de la responsabilité et de la liberté;

— Un questionnement quant à la possibilité d'utiliser la science pour appliquer une politique de prévention en dressant une liste des risques besoins et en trouvant les institutions adéquates.

Quant aux perspectives de prolongement possible de la recherche, elles concernent : l'analyse des relations entre propagateurs de prévention, l'évaluation de la prévention, l'étude de la mise en place d'une institution nationale de prévention, l'évaluation du marché correspondant.

Premier intervenant, Monsieur le Professeur P. M. C. fait un certain nombre d'observations de forme (citations imprécises, terminologie parfois discutable, vocabulaire emprunté à différentes disciplines mais souvent peu à l'économie, présentation des auteurs prenant parfois quelque liberté avec la chronologie), il présente aussi quelques remarques ponctuelles (conception des "trois âges", "optimum d'injustice sociale", caractère non maîtrisable du risque besoin, etc). Quand au fond, la question essentielle que soulève la thèse est celle de la discipline dont relève le travail, plus précisément, deux types de critiques peuvent être présentées :

— Du point de vue de la méthode les sources sont d'une façon excessivement trop francophones, il y a une grande dispersion dans l'interdisciplinarité.

— Quand au domaine de recherche on ne saurait limiter la Sécurité sociale au seul risque maladie, ni rester enfermé dans le seul cadre des pays présumés riches alors que c'est la prévention plus que la Sécurité sociale qui importe dans les pays plus pauvres.

Monsieur J. P. C. remarque qu'on a dans le travail présenté et plus particulièrement dans le premier chapitre, une vision encyclopédique mais y-a-t-il une valeur ajoutée importante? Un travail d'économiste est possible analysant les relations de complémentarité entre facteurs, les relations de dépendance entre demande et production (puisque ce sont les producteurs qui décident du niveau de consommation étudiant les effets pervers du paiement à l'acte, utilisant les travaux de RCB disponibles sur la prévention, etc). Monsieur J. P. C. estime que l'économie de la santé s'intéresse par trop aux seules moyennes (en particulier avec le TSP), considère que la distinction biens de production biens de consommation aurait pu éclairer certains aspects comme par exemple le fait que les bilans de santé soient réservés aux seuls actifs.

Monsieur le Professeur G. C. considère que le travail présenté par Monsieur Lakehal est fortement pensé, écrit dans une langue agréable qui sait éventuellement utiliser les ressources de la formule choc. Il représente aussi une défense — souvent passionnée — d'une thèse qui risque d'aller à l'encontre sinon d'idées reçues, du moins d'évidences non suffisamment étayées. La démarche adoptée se veut dynamique ("de... à...") tout en se situant non pas au plan des techniques ou des faits mais des paradigmes. Les risques, ce faisant, sont de ne pas apparaître comme un économiste, de heurter les paradigmes orthodoxes, d'en rester au niveau de trop grandes généralités. Les apports du travail sont de trois sortes aux yeux de l'intervenant :

— Au plan historique on a une confirmation mais aussi un enrichissement et un approfondissement des analyses de Hatzfeld, un renouvellement de l'étude de la Sécurité Sociale par référence aux besoins et aussi (mais de manière moins évidentes) aux conceptions de l'État.

— Au plan analytique le travail repose sur trois séries de doublets : risques/besoins, needs/wants, droit aux soins/droit à la santé.

— Au plan factuel on rencontre une série d'idées intéressantes : organisation de la prévention en trois niveaux; distinction d'une macro et d'une microprévention débouchant sur une anthropologie de la maladie privilégiant le culturel à l'encontre du biologique; étude de deux champs prioritaires (tabac, alcool). Manque peut-être une réflexion sur le discrédit de la médecine préventive (infantile, scolaire, du travail) par rapport à la médecine ambulatoire.

Monsieur le Professeur O. F. commence par relever les qualités du travail présenté, de lecture agréable, haut en couleurs, riche en formules, se voulant interdisciplinaire, représentant une tentative de faire oeuvre originale en avançant ses propres concepts. Les défauts découlent pour l'essentiel de la volonté d'établir une sorte de théorie générale de la Sécurité sociale dans les sociétés contemporaines en s'appuyant sur le seul cas français. Les trois chapitres constitutifs de la thèse ont une tonalité différente (histoire, réflexion théorique, plaidoyer en faveur de la prévention) les deux premiers laissant quelque perplexité quant à l'objectif de la démonstration. Trois problèmes sont liés :

— Celui de la documentation dont l'éclectisme empêche la hiérarchisation de l'observation.

— Celui de l'argumentation, une thèse devant participer d'un débat critique. Or chaque discipline a ses critères propres.

— Celui des paradigmes, or ici on a sans doute un holisme exagéré manié sans précaution.

Monsieur le Professeur A. N. estime que dans la seconde partie de la thèse les références sont souvent vieillies, que si on fait de l'interdisicplinarité il aurait été possible d'utiliser Freud pour expliquer comment les désirs peuvent se transformer en besoin. Il suggère un plan possible : partir des besoins pour dégager ce qui est spécifique de la santé et générateur d'institutions elles mêmes spécifiques. Il considère que davantage qu'une thèse, on a un essai, brillant parfois mais chaque forme à son style, ses codes propres.

Monsieur Lakehal ayant répondu point par point aux différentes observations qui lui ont été faites, le jury après avoir délibéré, décide de décerner le titre de docteur es sciences économiques à l'intéressé avec la mention honorable.

1991

DÉCOUVERTE
DU C.N.U. ET PREMIÈRE
TENTATIVE DE
TITULARISATION
DANS L'UNIVERSITÉ
FRANCAISE

RAPPORT N° 5

sur le dossier de Monsieur Mokhtar LAKEHAL, candidat à un poste de maître de conférences à l'I.U.T. de Dunkerke (Poste n° 1297, publié au B.O. du 17 janvier 1991)

Monsieur Lakehal est âgé de 42 ans. Il est de nationalité algérienne, mais semble avoir toujours résidé à Paris. Il a obtenu une Licence de sciences économiques à Paris 8 en 1975, une licence MASE à Paris 8 en 1977, une Maîtrise de sciences économiques à Paris 1, en 1978 et un Doctorat d'État en sciences économiques à l'Université de Paris 10 en juillet 1990. Le titre de la thèse est "De la Sécurité sociale à la prévention sociale". Ce travail avait été commencé sous la direction de notre collègue Andréani. Le Professeur G. C. lui a succédé. Le jury était composé de ce dernier et de nos collègues A. N. (Président), J. P. C., J. P. C. et O. F. La mention décernée fut Honorable.

Le candidat a depuis 1978 été professeur de sciences économiques dans de nombreux établissements secondaires (niveau classes terminales et préparatoires); depuis 1984 il est chargé de Cours à Paris 12 (DEUG et Licence AES). Il dirige aussi depuis cette date le Laboratoire de Recherche en Sciences Économiques et Sociales (LARMISES). Je ne connais pas cette institution. D'après le dossier elle semble avoir pour activité d'éditer une collection de livres tous écrits par Monsieur Lakehal.

Le candidat a été classé troisième par la Commission de Spécialistes de l'Université de Lille 1. Ce classement a été approuvé par l'IUT.

Le dossier des publications est fourni. Celles-ci peuvent être regroupées sous trois thèmes.

1. Manuels d'introduction à l'économie politique

Trois volumes on été publiés aux éditions LARMISES sous le titre général : "Systèmes économiques et stratégies de développement". Ils s'intitulent respectivement : Le capitalisme depuis l'origine (1985, 160 pages), Le temps des ruptures (1986, 160 pages) et Aux pays du socialisme réel (1986, 142 pages). Le premier livre n'est pas joint au dossier. Les autres sont une compilation, agréablement écrite, mais superficielle et avec quelquefois une tendance à ressembler aux encyclopédies universelles de ma jeunesse.

Un volume Méthode des sciences économiques doit sortir prochainement chez Dunod. Il s'agit d'un manuel expliquant comment écrire une dissertation économique. Je n'ai rien de particulier à en dire, sauf que les règles rhétoriques m'ont semblé bien compliquées (les neuf valeurs fondamentales et les trente deux verbes directeurs).

2. Économie du développement

Le livre À l'ombre de l'Occident (1987, 160 pages) est un essai militant et passionné. Il démontre que son auteur a beaucoup lu, mais il ne contient en revanche aucune analyse économique un tant soit peu scientifique. Parfois le candidat se laisse entraîner un peu loin : "... d'où le refus des milieux financiers américains et européens, sous la pression du lobbie juif, d'accréditer les banques islamiques." (page 50), "Les agissements d'Israël au Liban et ailleurs s'inspirent un peu trop des "Protocoles des sages de Sion", documents que certains attribuent à la police du Tsar." (page 127).

3. Économie sociale

Trois livres : L'optimum d'injustice sociale (1988, 180 pages), Richesse des besoins (1990, 180 pages) et Prévologie : du droit aux soins au droit à la santé (1991, 208 pages), représentent largement la thèse.

Ces travaux sont écrits dans un style agréable, et quelquefois provocant. La compilation des travaux très divers, et qui furent ou sont à la mode, et l'absence de rigueur dans l'analyse, démontrent qu'il s'agit s'essais d'un autodidacte et non de recherches d'un véritable économiste. Cet avis est similaire à ceux de la plupart des membres du jury de la Thèse, tels qu'ils figurent dans le rapport de soutenance, ce qui explique que la mention ne fut qu'Honorable.

Mon opinion est que l'IUT de Dunkerke mériterait un Maître de Conférences de sciences économiques au profil plus classique que celui de Monsieur Lakehal

Paris, le 1er juin 1991
J.-P. L.[1]

---

[1] J.-P. L. est Professeur de sciences économiques à Paris I, Rapporteur du C.N.U. Mokhtar Lakehal, en convalescence après une opération chirurgicale a néanmoins répondu à trois convocations où il pensait avoir une chance, son université d'origine (Paris X) et deux universités à Lille où la demande serait moins forte que dans la région parisienne. Mais dans ces trois universités les candidatures locales étaient plus nombreuses que les candidatures extérieures. Dans l'une des trois universités, il a été classé 3e. Le mode de recrutement de l'époque consistait à faire remonter les dossiers des trois candidats classés, vers le C.N.U. qui étudie à son tour le contenu scientifique du dossier, avec l'attribut d'inverser le classement en cas d'abus commis par la commission locale de spécialistes.

RAPPORT N° 6

d'un membre de la Commission de spécialistes de l'Université de Lille

Monsieur Mokhtar Lakehal, dont l'expérience d'enseignement est importante, présente plusieurs ouvrages à l'appui de sa demande.

1) Tout d'abord, sa thèse de doctorat d'État, soutenue en 1990 sous la direction de G. C., articule une fresque historique des "trois âges" de la Sécurité sociale (Sécurité professionnelle, sécurité familiale, sécurité sociale). Chaque âge se caractérise par un mode d'existence de l'État (de l'État de droit à l'État-providence), ainsi que par une approche du besoin (du besoin-donnée au besoin-aspiration), de la santé (de la santé-absence de maladie à la santé-adaptation à l'environnement) et de la prévention (de la prophylaxie à la prévision).

Il s'agit d'un travail de mise en perspective historique très cultivé, bien que certaines références bibliographiques apparaissent parfois un peu datées, qui présente les qualités et les limites de la démarche typologique de type ternaire autour de laquelle il s'organise.

Les réflexions conduites à l'occasion de ce travail ont donné lieu à plusieurs publications : "Richesse des besoins", préfacé par Henri Guitton, "Prévologie, du droit aux soins au droit à la santé", préfacé par Guy Caire; "L'optimum d'injustice sociale".

2) Le candidat présente d'autre part trois ouvrages rassemblés sous le titre "systèmes économiques et stratégies de développement" : "le capitalisme depuis l'origine" (1985), "le temps des ruptures" (1986), "aux pays du socialistes réel". Appuyés sur une documentation importante de type historico-descriptif, ainsi que sur un dépouillement exhaustif de la presse compétente, ces ouvrages constituent des outils pédagogiques de bonne qualité.

Il en est d'ailleurs de même de "Méthode des sciences économiques", à paraître chez Dunod (module), sorte de guide de l'étudiant pour la dissertation économique.

3) Enfin, Monsieur Lakehal présente un ouvrage plus politique, consacré au développement et intitulé "À l'ombre de l'Occident", dans lequel l'analyse économique se trouve à plusieurs reprises mélangée avec des jugements de caractère général portant sur des situations historico-politiques contemporains, en des termes que ne saurait apprécier le lecteur économiste soucieux de s'en tenir au seul registre de sa discipline.

Au total, un dossier très contrasté : le candidat témoigne en effet d'une culture historico-économique très dense, d'un sens réel des synthèses pédagogiques, et d'un humanisme économique qui relève de la tradition universitaire la plus ancienne; mais il affiche aussi parfois une appréhension assez simplificatrice de ce qu'est l'économie aujourd'hui et il arrive qu'un certain penchant pour les synthèses flamboyantes l'éloignent un peu des contraintes de la rigueur analytique.

H. H. (MC)
Paris, le 7/7/91

LETTRE N° 1

adressée au Président du C.N.U.
Conseil national des universités

Monsieur Le Président du CNU
Monsieur Le Professeur D.

Paris, le 29 novembre 1991

Monsieur Le Président,

Résidant depuis dix-huit ans à Paris mais de nationalité étrangère, je n'avais jamais condidaté dans une université française pour une titularisation. Je l'ai fait cette année pour un poste de Maître de conférences. Jusqu'au mois de septembre j'ignorais que tout candidat classé pût obtenir des copies de rapports établis sur ses travaux. J'ai donc fait la démarche auprès du Ministère de l'Éducation et je viens de recevoir, mais avec quelle stupéfaction, les deux rapports concernant ma candidature présentée à l'Université de Lille II (IUT Dunkerke). L'objet de ma lettre ne porte nullement sur le classement établi par la commission de spécialistes qui a placé judicieusement les deux candidats locaux avant moi. Mes griefs portent uniquement sur le procédé de traitement de mon dossier.

D'abord sur le fond, le premier rapport est en totale contradiction avec le second. Pour Monsieur Le Professeur J-P L., mon dossier n'a aucune valeur scientifique. C'est son droit d'être subjectif et de mauvaise foi dans l'appréciation des travaux déjà présentés par ses collègues connus dans la communauté scientifique pour leur sérieux et leur probité intellectuelle, sans citer aussi tous ceux qui en ont fait des comptes rendus dans les médias. En revanche, pour Monsieur H. H. ma candidature et ma personne sont dignes d'intérêt. Cette divergence d'appréciation qui passe du simple au double constitue déjà un motif d'étonnement légitime pour tout candidat qui croyait depuis toujours à l'existence d'une grille scientifique d'évaluation des dossiers.

Dans la forme — objet principal de mon indignation — ce sont les propos inadmissibles mentionnés dans le rapport du Professeur J-P L. et surtout les critères retenus qui m'inquiètent, eu égard à l'appartenance de leur auteur à une aussi noble et prestigieuse institution, le Conseil National des Universités françaises.

Sous l'effet de cette indignation, j'aurai pu communiquer ce rapport aux syndicats de notre profession. Ayant collaboré avec de nombreux médias de différents pays, j'aurai pu aussi leur transmettre des copies pour information. Ceux qui continuent à garder une très haute considération pour les institutions, comme l'Université, qui combattent le démon du mensonge avec la lumière de la raison, seraient alors assez surpris d'apprendre cette étrange pratique de sélection pour titulariser un enseignant étranger en France. Mais qui aurai-je desservi sinon l'image de marque de l'université française? Appartenant depuis longtemps à cette institution, et bien que mon statut soit celui d'un simple intervenant extérieur, je préfère plutôt vous faire part de mon indignation devant le procédé du Professeur J-P L. qui, apparemment découragé devant plus de deux mille pages de publications à lire, s'est simplement contenté de parcourir les tables des matières et d'extraire d'un livre à tonalité critique deux phrases coupées de leur contexte pour les mettre en exergue, à dessein de donner un aspect non recommandable à ma personne.

J'espère qu'il s'agit d'un cas isolé ou d'une maladresse, et non d'une politique nouvelle d'élimination systématique de certains candidats sur des critères fort incompatibles avec la mission même de l'université française.

Je vous prie d'agréer, Monsieur Le Président, l'expression de mes sentiments distingués

M. Lakehal

EXTRAITS

des critiques de l'ouvrage "A l'ombre de l'Occident"

À un moment donné, Mokhtar Lakehal s'est demandé si la rivalité qu'il présentait, quand il avait quitté l'Université Paris I (Panthéon-Sorbonne) avec sa Maîtrise de sciences économiques pour aller s'inscrire en DEA à l'Université de Paris X (Nanterre) en 1977, ne s'est pas amplifiée au niveau du recrutement des enseignants. Car le livre *À l'ombre de l'Occident,* que le professeur J-P L.de Paris I, a noté dans son rapport au C.N.U. comme un livre qui "ne contient en revanche aucune analyse économique un tant soit peu scientifique" a fait l'objet d'émissions radiophoniques et de critiques dans des organes sérieux, sous la plume de spécialistes de la question.

Voici quelques exemples de critiques :

"Cet observateur fécond et minutieux (trois ouvrages en deux ans) donne plus encore un réquisitoire contre le monde riche qu'un plaidoyer en faveur des pays pauvres, accusés par certains de "refuser le développement". Nous parcourons à loisir l'espace et le temps, d'un oeil sévère, critique, pénétrant."
Alfred Sauvy, *Le Monde* du 12 mai 1987

"Cet ouvrage adopte pour parti pris initial de supprimer volontairement les niveaux inférieurs de l'analyse pour mieux la concentrer sur "la place de l'homme dans l'économie, la société, le devenir d'une région du globe". L'économiste s'est par conséquent doublé du sociologue et l'exercice, qui n'est pas seulement de style, se révèle brillant. Servi par une réelle qualité d'écriture, l'auteur procède à l'autopsie du "retard historique" du Tiers-Monde, avançant trois modèles diagnostiques : explication technocratique, politico-historique, socioculturelle. Le sociologue économiste se fait à son propos analyste politique et quels que soient ses a priori tiers mondistes, saluons la remarquable consistante de sa réflexion, laquelle tranche par sa qualité sur un ensemble d'écrits trop souvent marqués par un abrupt esprit de système".

Jean-Michel Vernochet, Revue trimestrielle *Politique étrangère* n° 3/1987, Publication de l'Institut Français des Relations Inter-nationales (IFRI).

"Cet ouvrage apporte sur les problèmes économiques, sociaux, voire culturels et politiques, des pays en voie de développement un regard lucide et critique. Là où bien des ouvrages se sont répandus en considérations aussi pédantes qu'inutiles, l'auteur formule des observations vigoureuses, issues du bon sens et de l'observation appliquées. Plus particulièrement, l'analyse des causes et des manifestations du sous-développement est souvent supérieure en pertinence et véracité à celle qui est faite dans maints précis et manuels autorisés."

J.P. Courthéoux, *Revue bibliographique LES LIVRES* n° 323, décembre 1987, Ministère de l'Éducation nationale, Centre National de Documentation Pédagogique.

" Dans cet ouvrage, l'auteur interpelle le Tiers-Monde sur son retard historique et l'analyse prend en considération la place de l'homme dans l'économie, la société, le devenir d'une région. Les échecs des jeunes nations font croire, à tort que les peuples du Tiers-Monde refusent le développement."

Bulletin N° 1/88 ECODOC du CNRS, Documentation Automatisée en Économie Générale, IREP-Grenoble.

“Parmi les différents ouvrages, consacrés au sous-développement, qui voient périodiquement le jour, celui-ci mérite de retenir l'attention. Pour différentes raisons : d'abord parce que, fait peu coutumier, il est écrit par un originaire du monde musulman, ensuite parce que tout en étant critique à l'égard du monde occidental, il est sans complaisance pour le Tiers-Monde lui-même; enfin parce qu'il est rédigé dans une langue agréable avec des formules souvent heureuses qui font choc.”

Guy Caire, *Revue Tiers-Monde,* Tome XXIX n° 116, octobre-décembre 1988.

Remarque. Pour ce livre sur le Tiers monde, *À l'ombre de l'Occident,* c'est donc le jugement d'un seul membre du C.N.U. qui compte plus que toutes les critiques ci-dessus exprimées, bien que son jugement se révèle notoirement partial. Ce type de pratiques entretenu par un esprit de corps (corporatisme) crée des injustices à l'égard d'un certain nombre de candidats, plus particulièrement les candidats hétérodoxes préoccupés par les problèmes concrets et de différents ordres (politique, économique, social et culturel) qu'affrontent quotidiennement les peuples.

LETTRE N° 2

réponse du Président du C.N.U.

Paris, le 12 Décembre 1991

Monsieur,

J'accuse réception de votre lettre en date du 29 décembre par laquelle vous exprimez des jugements inadmissibles au sujet du rapport, établi par mon collègue le Professeur J-P L., sur votre candidature à un poste universitaire.

Le jugement que vous portez, en accusant ce collègue, membre du Conseil national des universités, d'être "subjectif et de mauvaise foi" dans l'appréciation de vos travaux, est gravement attentatoire à son intégrité. Je note que, dans cette critique inadmissible, vous n'apportez d'autre commencement de preuve que le fait qu'il ait cité par deux fois les écrits que vous avez soumis au jugement des rapporteurs du Conseil National, alors même que vous l'accusez de s'être contenté de parcourir les tables des matières de vos travaux. Ces propos sont tendancieux et, par ailleurs, inadmissibles dans la forme.

Je transmets votre lettre au Professeur J-P L.

Je vous prie de recevoir, Monsieur, mes salutations distinguées.

Professeur B. D.
Président du Conseil national des universités

POSITION

de Mokhtar Lakehal sur le contenu de l'enseignement des sciences économiques en France

Dans un de ses livres récents, *Chroniques d'exil d'un écrivant* (L'Harmattan, 1994), Mokhtar Lakehal relate quelques épisodes de cette première tentative de titularisation dans l'université française.

"Le métier d'enseignant que j'exerce depuis quinze ans à plein temps m'a permis de voir de plus près un certain nombre d'aberrations du système scolaire et universitaire français. Ce qui me frappe le plus c'est l'absence de réalisme dans l'enseignement des sciences économiques en France. Tout est conçu comme si l'université s'adressait uniquement à une minorité de familles, quelques intellectuels aristocrates, qui nous envoient leurs enfants se cultiver — et non pas apprendre le métier d'économiste — en attendant de mûrir pour vivre de rentes après un mariage dans les formes et traditions aristocratiques. On oublie qu'il s'agit d'une éducation de masse[1] pour donner un "gagne pain" à des jeunes venus des classes moyennes dans le sens limité du terme — commerçants, employés, techniciens, artisans, fonctionnaires — qui n'ont pas une fortune à transmettre à leurs enfants pour les établir dans l'aisance.

[1] Plus de 150 000 étudiants inscrits en Sciences économiques, Gestion et en A.E.S. Si on ajoute tous les étudiants inscrits à un cours de sciences économiques dans les Instituts, les écoles de commerce, les écoles d'ingénieurs, les classes préparatoires, les cours de formation continue, les classes de concours administratifs, on dépassera largement les 200 000 personnes. Ceci sans compter les élèves de 1e et Ter. E.S.

“ Quand on voit les programmes d'analyse micro-économique et d'analyse macroéconomique du DEUG, on a l'impression que tous les futurs lauréats sont attendus pour occuper des postes d'administrateur à l'INSEE ou de stratège au FMI. Pourquoi abuser de la réceptivité des jeunes de 18-20 ans pour leur faire perdre leur temps avec un enseignement économique totalement déconnecté de l'actualité? Ouvrez donc un livre d'analyse économique! Vous serez édifié. Pour peu que vous ayez une expérience dans la vie active, vous constateriez que cet enseignement est tout simplement déconnecté de la réalité même des entreprises. Pendant les douze années où (pour payer mes études secondaires et supérieures) j'ai dû exercer à plein temps le métier de comptable dans plusieurs entreprises et administrations, sous des régimes économiques radicalement opposés, je n'ai jamais vu dans un service de comptabilité analytique un professionnel utiliser les termes “isoquants” et “isocoûts” ou calculer les coûts de production comme on me demande officiellement de l'enseigner à l'Université.

“ La chose la plus étrange dans le système est la dévalorisation de l'enseignant par rapport au chercheur statutaire. Lorsque l'université recrute, elle regarde d'abord l'importance des travaux théoriques du postulant — avec le persistant préjugé qui met l'économie théorique au-dessus de l'économie appliquée.

“ Quand un enseignant conçoit un manuel qui se vend bien, il ne tardera pas à savoir qu'auprès de certains collègues des commissions de recrutement ou de promotion du C.N.U. son oeuvre vaudra moins qu'un article écrit (de préférence en anglais) dans une des revues académiques. Pour ce cénacle, le service rendu à l'université qui l'emploie et aux milliers d'étudiants qui utilisent son travail paraît infiniment moindre que le fait d'écrire, spéciale-ment pour quelque centaine de spécialistes à travers le monde. Les usagers de l'enseignement supérieur et leurs représentants n'ont aucun mot à dire sur le choix et le recrutement des enseignants dans une université et encore moins pour leur promotion. Cela se fait à huis clos par une "commission de spécialistes" qui fait fi de la manière dont vous êtes perçu par vos étudiants. Mais après le mois de mai de chaque année, les étudiants, leurs parents et l'opinion publique (seulement quand un journaliste lui révèle l'énormité des taux d'échec en DEUG) s'étonnent devant les gâchis annuels provoqués par "les examens guillotines" supposés à tort sélectionner les plus "intelligents" d'une classe d'âge.

" Honnêtement, est-ce que tous les "théoriciens" qui ont noirci des centaines de pages dans les revues académiques sont aptes à enseigner? Il faudra poser la question à ces foules anonymes qui fréquentent quotidiennement l'université. Mais je crains que le jour où on associera les étudiants aux procédures de recrutement, de promotion, de maintien ou d'exclusion des enseignants, un certain nombre de mes collègues découvriront ce qu'est l'humilité. Pérorer sur un concept entre spécialistes est une compétence valable dans un milieu très restreint, transmettre un savoir à tout le monde est une vocation qui s'entretient quotidiennement par le travail constant et la prédisposition à accepter de se regarder dans le miroir tendu par nos élèves. En laissant clairement savoir aux troupes de doctorants, vacataires, intervenants et autres, que les faveurs des commissions de spécialistes sont réservées exclusivement à ceux qui augmentent le nombre de leurs publications théoriques, on a volontairement dévalorisé le métier d'enseignant. La preuve, c'est qu'on tend globalement à recruter moins de maîtres de conférences par rapport aux besoins réels, mais un peu plus de détachés du secondaire. En sciences économiques, il s'agit d'agrégés des lycées qui croient à une promotion avant de découvrir une triple surprise: la quantité de copies sans commune mesure avec le nombre qu'ils avaient l'habitude de corriger dans leur lycée, le doublement du service comparé à celui d'un maître de conférences titulaire du poste (mais un peu moins d'heures qu'un professeur de lycée) et enfin l'accroissement de la proportion de bacheliers qui ont des difficultés — expression, logique, lecture, plan de rédaction, etc, — que leurs collègues du secondaire n'ont pas réussi à supprimer.

" Quant à l'enseignement secondaire et les réformes entreprises qui ont nivelé par le bas le collège — et par voie de conséquences les lycées moyens —, cela fait cinq années au moins qu'on commence à les ressentir durement au niveau de l'enseignement supérieur avec des étudiants qui ont besoin, aujourd'hui plus qu'autrefois, d'enseignants très professionnels, de préférence ceux qui ont été confrontés à la réalité des entreprises, des administrations, des collectivités pour prétendre enseigner l'économie politique.

" Économiste de profession, mes interventions ont porté aussi sur la manière de voir la réalité par une science économique académique qui énonce des vérités impossibles à retrouver sur le terrain, parce que d'autres disciplines, comme l'anthropologie par exemple, ont découvert que la perception de l'économie par ceux qui la vivent et pratiquent quotidiennement ne ressemble pas à celle que le théoricien, sans quitter son fauteuil, imagine à longueur d'articles, de livres, de colloques scientifiques. À un moment donné je me suis demandé si l'économiste académique n'occupe pas la même position que le sondeur d'opinions : en énonçant un résultat à partir d'un petit échantillon, son objectif serait d'influencer le maximum de personnes non prises dans son filet.

" On sait parfaitement que même dans les pays les plus développés la rationalité ne guide pas nécessairement l'individu. Par exemple, en France, comment parler de rationalité lorsqu'on constate qu'il y a autant de cartomanciennes, de diseuses de bonnes aventures, de voyantes, d'astrologues, de marabouts africains que de médecins diplômés et imbus de sciences modernes? Comment parler de rationalité de l'individu lorsque les abonnés des jeux du hasard se comptent en plusieurs millions chaque semaine? Comment parler de rationalité à la bourse alors que les mouvements de foule (les rumeurs) peuvent faire et défaire en quelques minutes des fortunes? Est-ce que ces vingt années de séisme mondial à répétition ont fait changé la perception du réel chez l'économiste académique? L'hyperspécialisation pour survivre ou se manifester en tant que professionnel statutaire a fait éclater la science économique à l'intérieur même de ce qui nous paraissait naguère comme des écoles très distinctes de la pensée économique.

" Plus personne ne songe à faire une théorie générale qui recueille l'adhésion d'une majorité d'économistes et trouve un très bon accueil dans les ministères et auprès des états majors des grandes firmes et institutions internationales. Une telle préoccupation paraît aujourd'hui impensable chez les économistes. Cette tendance risquera de maintenir Keynes comme le dernier des grands généralistes dans l'histoire de la pensée économique. De nos jours, la recherche signifie d'abord existence d'un budget, d'un "patron" de stature internationale, d'une équipe soudée et du temps disponible. Avant même de se lancer dans un projet, on préjuge du succès et des retombées d'une "découverte" ou d'une "construction intellectuelle". Ce qui n'assure pas gloire et/ou fortune ne mérite pas qu'on réfléchisse sur sa faisabilité. L'argent et les titres honorifiques ont corrompu la science, une certaine science économique, comme les "Prix littéraires" ont imposé leur diktat de style à la littérature.

" Dans tous ses propos, l'écrivant est totalement soumis à la nécessité de la perspective. Témoin de son époque, il sera jugé sur sa manière de témoigner et le choix des sujets. Ainsi, le lecteur de ce recueil d'articles pourra bien se demander pourquoi ne trouve-t-il pas tel fait marquant de ces quinze dernières années. On ne le sait pas toujours, mais la quasi totalité des économistes universitaires de mon âge n'écrivent jamais dans les journaux et magazines. Quand j'ai commencé ces chroniques, j'avais trente ans. Les universitaires de ma génération qui signaient des articles "grand public" représentaient une poignée d'individus, exclusivement des militants membres d'une des commissions d'un parti ou d'un syndicat qui s'exprimaient uniquement au nom de leur fonction partisane.

" Les hétérodoxes comme moi — au lendemain du premier papier publié[1] et surtout après les conversations avec leurs collègues bien initiés aux coutumes de la tribu — soit rejoignent les rangs en jetant aux orties leur plume de chroniqueur, soit persévèrent et reçoivent longtemps le salaire de leur audace. En effet, lors de la soutenance de ma thèse, un des cinq membres du jury, plus précisément son président, me dit : "Je vous aime bien comme essayiste et moins comme thésard, parce que vous n'avez pas joué le jeu"[2]. Certainement que ce lecteur du Monde a dû lire auparavant une fiche élogieuse de Pierre Drouin sur un livre que j'ai commis[3], préfacé par l'académicien Henri Guitton devenu plus critique

---

[1] Mais je peux vous confirmer que ceux qui n'ont pas l'autorité d'une "carte" ont beau-coup de peine à être publiés par des journaux qui préfèrent les "personnalités".

[2] Le dédain que j'aurais eu pour ce jeu m'a coûté la perte d'une mention "très honorable". Le procédé est pervers. Puisque les rapporteurs du C.N.U. n'ont jamais le temps de lire attentivement les thèses, avec une mention "honorable" le candidat est handicapé d'avance, quelles que soient l'importance de ses travaux et expériences, la crédibilité du jury (3, 4 ou 5 professeurs?), l'aura de ses membres, la nature de la thèse (3e cycle, Nouveau Régime ou d'État?). Avec patience j'ai donc fait la "queue" au C.N.U. pendant trois ans pour être enfin inscrit sur la liste des maîtres de conférences.

[3] En pensant être convoqué dans un délai raisonnable pour la soutenance (3 mois au lieu de 9 mois d'attente!), j'ai commis l'imprudence de publier un chapitre qui est sorti avant. Ceci a été très mal interprété par le président du jury qui m'a bien congratulé.

en quittant l'université. Dans un langage codé, ce "compliment" veut dire : pourquoi parle-t-on de vos livres alors que vous n'êtes même pas encore statutairement des nôtres? D'ailleurs avant d'entendre cette réflexion, maintes fois on m'a fait savoir que je ne respectais pas la vieille tradition universitaire française : "Mon cher, on publie des chroniques, des critiques ou des essais lorsqu'on a déjà assuré ses arrières". En milieu universitaire français, cela veut dire mandarin reconnu, patron en fin de carrière ou professeur émérite. Finalement, dans un monde ravagé de toute part, on vous demande de rester dans votre tour d'ivoire[1]. Gardez-vous de descendre voir la réalité quotidienne, vous aviliriez notre noble discipline[2]. Contentez-vous donc de la vérité de la Science économique, l'université vous saurait gré! Et surtout ne voyagez pas jeune dans les différentes disciplines des sciences sociales, comme c'était la coutume chez mes ancêtres les humanistes arabes, attendez pour cela d'être vieux, assez vieux si possible, pour que personne n'ose vous blâmer!

" Au début de cette préface, j'ai bien averti le lecteur que tous mes articles sont des réactions spontanées à des événements qui m'ont le plus marqué. Aucun journal ou magazine ne m'a commandé un papier ni payé mes "piges"[3] pour ma participation à un débat. Je n'ai pas fréquenté non plus la

---

[1] Au détour d'une conversation, j'ai voulu savoir d'un membre de l'Institut ce qu'était un "économiste académique". La réponse : "C'est un homme coupé de la réalité".

[2] Lorsque Platon apprit que Archytas de Tarente construisait des automates et faisait voler des colombes en bois, il lui fit le reproche suivant : ces automates "corrompaient la géométrie", "ils lui faisaient perdre toute sa dignité en la forçant comme une esclave de descendre des choses immatérielles et purement intelligibles aux objets corporels et sensibles". Cela conduit l'intellectuel à "employer une vile matière qui exige le travail des mains, et sert à des métiers serviles". 2 500 ans plus tard, certains voudraient que le statut de notre discipline soit celui de la géométrie de Platon.

[3] Une seule exception tout de même. À la suite d'un article sur "l'expérience du mariage mixte", j'ai reçu une petite somme pour mes droits d'auteur.

Brasserie Lipp de Saint Germain à Paris, ni d'autres lieux de rendez-vous mondains. Parce qu'en vingt ans d'exil, quand il s'agit réellement des causes nobles, j'ai assez vu parader "d'écrivains" de toutes nationalités au capital éditorial tellement insignifiant qu'ils le perdraient dans la poche de leur veste. C'est sans doute aussi par atavisme de *soufi* que j'éprouve une certaine répugnance pour ces clubs "d'intellectuels de service" englués dans leur confort matériel, mais qui ont l'outrecuidance de pétitionner, dénoncer, rassurer, juger, accuser, condamner, sermonner, terroriser, polémiquer, apostropher, instruire, annoncer, ..."

Mokhtar Lakehal
Paris, le 31 août 1994

1992

RECRUTEMENT
DE L'ANNÉE 1992
POUR LA RENTRÉE
1992-1993

CHANGEMENT RADICAL DE PROCÉDURE
POUR CHAQUE POSTE MIS EN CONCOURS
UN DOSSIER ADMINISTRATIF AU RECTORAT
UN DOSSIER SCIENTIFIQUE (TROIS PUBLICATIONS EN
DEUX EXEMPLAIRES AUX RAPPORTEURS, l'UN DOIT ÊTRE
MEMBRE DU C.N.U. ET L'AUTRE CHOISI PAR LE C.N.U.
COMME UNIVERSITAIRE EXTÉRIEUR À CETTE INSTITUTION)

LETTRE N° 3

au rapporteur désigné par le C.N.U.
pour l'évaluation du dossier scientifique

Monsieur Le Professeur J. P.[1]

Paris, le 16 juin 1992

Monsieur,

Le Ministère de l'Éducation nationale vient de me communiquer vos nom et adresse afin de vous transmettre mon dossier pour l'étudier en vue d'une inscription sur la liste d'aptitude à la fonction de Maître de conférences.

Avant de venir m'installer à Paris en janvier 1974, j'ai suivi en auditeur libre mais avec assiduité, durant l'automne 1973, un cours de sciences économiques à l'Université d'Oran, pour me préparer aux examens du DECS (Certificat d'Études Économiques), auxquels aucun établissement dans la région oranaise n'y préparait. Le Professeur que j'écoutais très attentivement s'appelait Monsieur J. P. Je ne sais pas si c'était vous, mais son enseignement m'a ouvert des horizons nouveaux, à tel point qu'en arrivant à Paris j'ai totalement abandonné la filière DECS pour me consacrer à cette discipline, jusqu'à l'obtention d'un Doctorat d'État.

Dans ce dossier vous trouverez ci-joint trois documents indiquant les trois pistes de recherches sur lesquelles je travaille actuellement : économie de la ressource humaine, économie du

---

[1] Rapporteur membre du C.N.U., Conseil National des Universités

développement, méthodologie et pédagogie des sciences économiques. Je reste à votre entière disposition pour des compléments d'information sur ce dossier.

En vous souhaitant une agréable lecture, je vous prie de croire, Monsieur le Professeur, à l'expression de mes sentiments distingués.

Mokhtar Lakehal

LETTRE N° 4

au rapporteur extérieur au C.N.U.
pour l'évaluation du dossier scientifique

Monsieur le Professeur J-G L.[1]

Paris, le 16 juin 1992

Monsieur,

La section 5 du C.N.U. vient de me communiquer vos nom et adresse pour vous transmettre le double du dossier envoyé au rapporteur, afin de recueillir votre avis d'expert extérieur à la Commission. Permettez-moi de vous mentionner deux éléments importants qui ne peuvent figurer dans un dossier administratif.

D'abord les cours que j'assure à l'Université de Paris XII depuis 1985 étaient auparavant réservés à des professeurs agrégés et des maîtres de conférences titulaires. Pour les mêmes charges annuelles d'enseignement, compte tenu de l'énorme différence de salaire que je constate en tant que vacataire, j'ai eu l'intention de terminer rapidement ma thèse et de candidater dans toutes les universités susceptibles de m'engager. Mais je n'avais aucune raison objective de soutenir une thèse puisqu'en France la titularisation des vacataires étrangers était incompatible avec le statut de fonctionnaire d'État.

Malheureusement, quand la réglementation française a changé pour les étrangers titulaires d'un Doctorat, mon

[1] Rapporteur extérieur au C.N.U., université de Saint Etienne

directeur de thèse, Edgard Andréani, est tombé gravement malade (1986-1987. Après son décès (1988), la pluridisciplinarité de ma problématique rendait extrêmement difficile la recherche d'un nouveau directeur de thèse.

Puisque le C.N.U. semble préoccupé par un souci d'équité dans le traitement des dossiers, en désignant un expert extérieur à l'institution pour chaque candidat, je tenais à vous exposer les raisons d'une demande de titularisation à quarante trois ans.

Dans ce dossier vous trouverez ci-joint trois documents indiquant les trois pistes de recherches sur lesquelles je travaille actuellement : économie de la ressource humaine, économie du développement, méthodologie et pédagogie des sciences économiques. Je reste à votre entière disposition pour des compléments d'information sur ce dossier.

En vous souhaitant une agréable lecture, je vous prie de croire, Monsieur, à l'expression de mes sentiments distingués.

Mokhtar Lakehal

PREMIER REFUS D'INSCRIPTION

Le 16 septembre 1992
Notification officielle du refus d'inscription sur la liste d'aptitude à la fonction de Maître de conférences.

MINISTERE DE L'EDUCATION NATIONALE
ET DE LA CULTURE

Direction des Personnels
d'Enseignement Supérieur

LE MINISTRE D'ETAT,
MINISTRE DE L'EDUCATION NATIONALE
ET DE LA CULTURE

à

05803 03011 00085 C260A 16/09/92-17h U
M. LAKEHAL-BOUHADI-AMAR MOKHTAR

80 RUE CHARENTON
75012 PARIS

J'ai l'honneur de vous faire savoir que la commission compétente de la section No : 05

SCIENCE ECONOMIQUE GENERALE

du Conseil national des universités a refusé votre inscription sur la liste de qualification aux fonctions de maître de conférences .

Paris, le 16/09/92

Pour le Ministre et par délégation
Le Directeur des Personnels
d'Enseignement Supérieur

Jean GASOL

LETTRE N° 5

adressée au ministère de l'Éducation nationale

Ministère de l'Éducation nationale
Bureau DPES 4
45, rue des Saints Pères
75006 Paris

Paris, le 21 septembre 1992

Monsieur le Directeur,

J'ai déposé un dossier de candidature à la Section 5 du C.N.U. pour une inscription sur la liste nationale d'aptitude à la fonction de Maître de conférences.

Dans la nouvelle réglementation concernant les procédures de recrutement des enseignants universitaires, le refus d'inscription sur cette liste doit être "motivé". Or, j'ai reçu une lettre datée du 16 septembre notifiant un refus, sans aucun motif.

Je souhaite connaître à la fois les raisons de ce refus et le contenu des rapports sur ma candidature établis par Messieurs les Professeurs J. P. (rapporteur de la Commission) et J. G. L. (expert extérieur à la commission).

Je vous prie d'agréer, Monsieur le Directeur, l'expression de mes sentiments distingués.

M. Lakehal-B. A.

LETTRE N° 6

adressée au rapporteur du C.N.U.

Monsieur Le Professeur J. P.[1]

Paris, le 21 octobre 1992

Monsieur,

Je n'ai pas reçu les trois documents que je vous ai envoyés pour établir un rapport sur ma candidature pour l'inscription sur la liste d'aptitude à la fonction de Maître de conférences.

En revanche, j'ai bien reçu une lettre de refus datée du 16 septembre, mais sans notification de motif. Alors que selon la nouvelle réglementation du recrutement, tout refus doit être motivé expressément au candidat. Je pense que ce motif ne dépend pas de votre ressort personnel, mais de celui de toute une commission. Dans ce cas, comment envisager une nouvelle démarche sans savoir officiellement ce que pourrait me reprocher le C.N.U.?

Par ailleurs, j'ai écrit au Directeur de la DPES, Ministère de l'Éducation, pour avoir des précisions, et j'attends la réponse qui tarde à venir. Je vous serais bien reconnaissant de me donner quelques indications sur le refus de ma candidature, si cela vous est légalement possible.

Je vous prie de croire, Monsieur Le Professeur, à l'expression de mes sentiments distingués.

Mokhtar Lakehal

[1] Rapporteur membre du C.N.U., Conseil national des universités

LETTRE N° 7

énvoyée par le rapporteur du C.N.U.

Montpellier le 29/10/92

Monsieur,

En réponse à votre lettre du 21 octobre, je suis en mesure de vous donner les informations suivantes :

— l'Université de Montpellier se charge de ré-expédier les dossiers des candidats; cela se fait lentement pour diverses raisons mais j'ai demandé que votre dossier vous soit retourné rapidement; cela ne devrait plus tarder;

— vous avez le droit à communication d'un "motif" en cas de refus; un bref commentaire a été rédigé à partir des avis de vos deux rapporteurs et je suis surpris que le Ministère ne vous ait pas donné connaissance de cet avis. Je vais contacter le Président à ce sujet; cet avis a été joint au dossier transmis au Ministère...

Je suis en mesure de vous dire à titre personnel que votre candidature a été assez bien accueillie mais n'a pas été retenu cette fois car, malgré le nombre élevé de travaux, les documents joints n'ont pas suffi à emporter la majorité des voix : votre ouvrage pédagogique paru chez Dunod est très bon; votre thèse est correcte, mais l'ouvrage collectif dont vous êtes le coordinateur est un ouvrage qui a plutôt été perçu comme un ouvrage "grand public" (il n'y a aucun sens péjoratif ici) et pour lequel votre contribution personnelle est modeste (en dehors du fait que vous êtes parvenu à rassembler de bonnes signatures). Or la Commission a donné une certaine priorité aux travaux théoriques et nous avons regretté que vous n'ayez pas joint à votre dossier le manuscrit consacré aux "théories économiques : fondements et limites du discours économique" (à paraître chez Dunod)... À mon avis vous avez fait une "erreur" en constituant ce dossier : il faut délibérément choisir les documents à contenu théorique.

Je reste convaincu pour ma part que vous avez de bonnes chances : d'ailleurs les deux rapports étaient plutôt "positifs" mais le manque d'information sur vos travaux théoriques a beaucoup gêné certains membres de la Commission.

Je reste à votre disposition pour plus ample information et vous prie de croire en mes sentiments distingués.

J. P.

RAPPORT N° 7

de la Commission de recrutement du C.N.U.
(rapport écrit manuellement et signé B.[1])

Mr LAKEHAL Mokhtar

Le dossier du candidat ne permet pas de porter un jugement en bonne connaissance de cause. La thèse de doctorat d'État soutenue à Paris X en 1990 est de bonne qualité. Le candidat donne une liste assez impressionnante d'ouvrages publiés mais un seul est joint (ouvrage paru chez Dunod, très intéressant, consacré à la façon de traiter des sujets de sciences économiques). Le candidat annonce deux ouvrage qui doivent paraître en 1992 dont l'un à contenu théorique certain. Mais il ne joint que quelques pages sur l'ouvrage collectif dont il assure la coordination et reste silencieux sur le contenu de l'autre ouvrage, beaucoup plus théorique.

Il est difficile en l'absence de véritable information de juger du niveau théorique des travaux (il y a certes la thèse mais on ne sait rien sur les autres ouvrages publiés dans une maison d'édition dont l'auteur semble être le créateur, propriétaire et directeur). Lorsque l'ouvrage sur les théories économiques, à paraître chez Dunod, sera sorti la candidature du candidat ne devrait plus poser problème. Mais il importe de bien choisir les documents que l'on met à disposition des examinateurs...

[1] Le professeur B. est le Président de la commission de recrutement du C.N.U., il établit son rapport à partir des rapports fournis par les deux rapporteurs désignés : Messieurs les Professeurs P.P. et J. G. L.

LETTRE N° 8

adressée au Président du C.N.U.

Monsieur Le Président du C.N.U.
Section 5, Sciences économiques

Paris, le 24 octobre 1992

Monsieur le Président,

Suite à ma demande d'information à la DPES, j'ai reçu le 23 octobre le rapport notifiant les motifs du refus de mon inscription sur la liste d'aptitude à la fonction de Maître de conférences.

Dans la constitution du dossier de ma candidature, je me suis strictement conformé à l'article 5, 2°, du Bulletin officiel N° 1673, daté du 2 janvier 1992, qui limite à trois documents les envois destinés aux rapporteurs. Il est aussi stipulé expressément (art. 5, 4°) que les rapporteurs peuvent demander des compléments d'information au candidat. Or, personne ne m'a contacté pour l'envoi de certains livres ou travaux mentionnés dans la Notice individuelle, et qui, à la lecture des motifs de refus, semblent intéresser la commission. Personnellement, si j'avais su que les rapporteurs n'allaient pas utiliser cette prérogative, j'aurais probablement ignoré le contenu de l'article 5 du B. O.

Parmi les travaux indiqués dans la notice individuelle, j'ai estimé plus judicieux de présenter les trois documents les plus récents. J'ai donc mis une thèse de doctorat d'État (1990), un livre de Méthode (1991) et la partie que j'ai rédigée et signée d'un livre collectif, sous presse au moment du dépôt de dossier, dont je suis le coordinateur. Il m'a été reproché de n'avoir communiqué aux rapporteurs qu'une partie de cet ouvrage collectif. Mais légalement, je n'ai aucun droit de divulguer avant le dépôt légal les articles que quinze collaborateurs m'ont confiés. Ce n'est pas un manque de confiance envers les rapporteurs, mais plutôt une question de droit de propriété intellectuelle et de contrat moral envers les collègues qui n'apprécieraient pas d'apprendre que j'ai communiqué leurs projets d'articles. Dans le métier de l'édition seul le dépôt légal authentifie la date et la propriété d'une idée, d'une théorie ou d'un travail. Quant au projet d'ouvrage sur les théories économiques, je ne voyais pas la nécessité d'en parler davantage que tous les autres livres déjà publiés et mentionnés, mais en surnombre par rapport à la limite de trois documents imposés par le règlement officiel.

Ma démarche de candidat s'est conformé au droit et aux principes. Cependant, au vue du résultat, je regrette bien de ne pas avoir enfreint les indications du B.O. en envoyant toutes mes publications et projets et laissé les rapporteurs choisir eux-mêmes.

Je tenais à vous faire part de ces remarques que m'inspire cette malheureuse expérience de candidat, et vous prie d'agréer, Monsieur le Président, l'expression de mes sentiments distingués.

Mokhtar Lakehal

P.S. Ci-joint copie du rapport de la commission[1]

[1] Il s'agit du Rapport B., exposé à la page précédente.

LETTRE N° 9

adressée au rapporteur du C.N.U.

Monsieur Le Professeur J. P.

Paris, le 7 novembre 1992

Monsieur,

J'ai bien reçu votre réponse à ma lettre du 21 octobre et entre temps le rapport que j'ai demandé le 21 septembre à la DPES

Vous m'apportez des éclaircissements fort intéressants sur les raisons du refus de ma candidature. Car, à la lecture du rapport de la commission, j'avoue que j'ai été assez perplexe devant les "reproches" formulés.

J'ai estimé que cela méritait une réponse au Président du C.N.U. sur chacun des points notés dans le rapport, parce qu'apparemment il semble qu'il y ait divergence entre les pratiques et le contenu des textes officiels ou les principes universels.

Pour information, je me permets de vous envoyer ci-joint le rapport de la commission ainsi que la lettre adressée au Président du C.N.U..

En attendant de vous contacter bientôt pour d'autres précisions, je vous prier d'agréer, Monsieur Le Professeur, l'expression de mes sentiments distingués.

Mokhtar Lakehal

1993

RETOUR DU BÉLIER À L'ABATTOIR DE PARIS I PANTHÉON-SORBONNE

LETTRE N° 10

adressée au rapporteur extérieur au C.N.U.

Monsieur Le Professeur J-P. G.[1]

Paris, le 5 mars 1993

Monsieur,

Le Ministère de l'Éducation nationale vient de me communiquer, vos nom et adresse afin de vous transmettre mon dossier pour l'étudier en vue d'une inscription sur la liste d'aptitude à la fonction de Maître de conférences.

Dans ce dossier vous trouverez les pièces administratives exigées ainsi que les documents (1 thèse, 1 article, 1 manuscrit et 2 livres) indiquant les trois pistes de recherches sur lesquelles je travaille actuellement : économie de la ressource humaine, économie du développement, méthodologie et pédagogie des sciences économiques.

1. Une notice individuelle détaillée.
2. Une copie de l'attestation de Doctorat.
3. Les rapports de soutenance de thèse.
4. Thèse de Doctorat d'État : "De la Sécurité sociale à la prévention sociale" (1990).
5. Un livre portant le titre : "Méthode d'analyse de sujets et d'élaboration de plans en sciences économiques" (Dunod, 1991).

---

[1] Maître de conférences à Paris I, Rapporteur du C.N.U. Le second rapporteur est le Professeur J. P.

6. Un document avec le titre : "Théories économiques, fondements et limites du discours économique" (1992-1993); il s'agit d'un projet d'article pour *Économie Appliquée* et des 2/3 déjà rédigés d'un livre en cours de préparation.

7. Un livre collectif : "Algérie : de l'indépendance à l'état d'urgence" (1992).

8. Un document contenant une présentation sommaire et des extraits de livres déjà publiés, mais non joints au dossier.

Je reste à votre entière disposition pour des compléments d'information sur ce dossier. En vous souhaitant une agréable lecture, je vous prie de croire, Monsieur, à l'expression de mes sentiments très distingués.

Mokhtar Lakehal

LETTRE N° 11

adressée au rapporteur du C.N.U.

Monsieur Le Professeur J. P.

Paris, le 10 mars 1993

Monsieur,

Le Président de la Commission 2 du C.N.U., Monsieur F-R. M., vient de me communiquer par lettre datée du 8 mars, vos nom et adresse afin de vous transmettre mon dossier pour l'étudier en vue d'une inscription sur la liste d'aptitude à la fonction de Maître de conférences.

Dans ce dossier vous trouverez les pièces administratives exigées ainsi que les documents (1 thèse, 1 article, 1 manuscrit et 2 livres) indiquant les trois pistes de recherches sur lesquelles je travaille actuellement : économie de la ressource humaine, économie du développement, méthodologie et pédagogie des sciences économiques.

1. Une notice individuelle détaillée.
2. Une copie de l'attestation de Doctorat.
3. Les rapports de soutenance de thèse.
4. Thèse de Doctorat d'État : "De la Sécurité sociale à la prévention sociale" (1990).
5. Un livre portant le titre : "Méthode d'analyse de sujets et d'élaboration de plans en sciences économiques" (Dunod, 1991).

6. Un document avec le titre : “Théories économiques, fondements et limites du discours économique” (1992-1993); il s’agit d’un projet d’article pour *Économie Appliquée* et des 2/3 déjà rédigés d’un livre en cours de préparation.

7. Un livre collectif : “Algérie : de l’indépendance à l’état d’urgence” (1992).

8. Un document contenant une présentation sommaire et des extraits de livres déjà publiés, mais non joints au dossier.

Je reste à votre entière disposition pour des compléments d’information sur ce dossier. En vous souhaitant une agréable lecture, je vous prie de croire, Monsieur, à l’expression de mes sentiments très distingués.

Mokhtar Lakehal

SECOND REFUS D'INSCRIPTION

Le 18 mai 1993
Notification officielle du refus d'inscription sur la liste d'aptitude à la fonction de Maître de conférences.

MINISTERE DE L'ENSEIGNEMENT SUPERIEUR
ET DE LA RECHERCHE

Direction des Personnels
d'Enseignement Supérieur

Bureau du Recrutement

DPES 4

LE MINISTRE DE L'ENSEIGNEMENT
SUPERIEUR ET DE LA RECHERCHE

à

MINISTERE ENSEIGNEMENT SUPERIEUR DPES4

22439 03003 00085 R138A 18/05/93-16h U

M. LAKEHAL-BOUHADI-AMAR
MOKHTAR

80 RUE CHARENTON
75012 PARIS

Je vous informe que la commission compétente de la section No : **05**

SCIENCE ECONOMIQUE GENERALE

du Conseil national des universités a refusé votre inscription sur la liste de qualification aux fonctions de **maître de conférences (1993).**

Paris, le 18/05/93

Pour le Ministre et par délégation
Le Directeur des Personnels
d'Enseignement Supérieur

Roland PEYLET

RAPPORT N° 8

concernant la candidature de
de Monsieur Mokhtar LAKEHAL
à une qualification de Maître de conférences

Le candidat, âgé de 44 ans, a enseigné dans plusieurs établissements du secondaire privé ainsi qu'à l'Université de Paris XII en tant que chargé de TD. Il indique par ailleurs être le dirigeant-fondateur du Laboratoire de Recherches en Sciences Économiques et Sociales (fondé en 1984), cellule de recherche non subventionnée. Son dossier fait mention de très nombreuses publications dont notamment 60 articles de presse.

Il est docteur d'État depuis qu'il a soutenu sa thèse en juillet 1990 à l'Université de Paris X. Il a obtenu la mention honorable devant un jury composé de MM. C., C., C., F. et N.

La thèse, intitulée "De la Sécurité sociale à la Prévention Sociale", s'articule autour de trois thèmes principaux :

— à la suite de dérives successives, le droit à la santé est devenu un droit aux soins;

— cette dérive a conduit au passage d'une dynamique des besoins impératifs vers une dynamique des besoins attente;

— il faut s'interroger sur la possibilité d'utiliser la science pour définir une politique de prévention fondée sur une liste de "risques-besoins".

Si les axes du projet sont à première vue acceptables, leur réalisation pose problème. Tout d'abord un premier et très volumineux chapitre (128 sur les 335 que comporte la thèse) est consacré à l'étude des trois âges de la Sécurité Sociale. Outre que cette "référence" déjà ancienne est parfaitement cohérente avec l'âge moyen de la bibliographie (à trois exceptions près, les publications mentionnées ne dépassent pas 1978), le propos tenus témoignent de ce que leur auteur privilégie le sens de la formule à celui de l'analyse. De surcroît la méthode n'est pas acceptable : elle consiste à juxtaposer des travaux d'auteurs appartenant à des disciplines très différentes sans qu'à aucun moment n'intervienne la moindre mise en ordre de sorte que, pris dans le tourbillon critique de M. Lakehal, le lecteur est rapidement conduit à se poser la question de savoir quel peut bien être le fil conducteur du candidat. Cela ressemble bien au défaut classique des jeunes étudiants et que l'on appelle le syndrome du "j'ai tout mis".

Le reste de la thèse est de la même veine : une interminable incantation indignée ! Un autre ouvrage, en cours de publication, est intitulé "Théories économiques : fondements et limites du discours économique". Ce document regroupe divers papiers associés à des documents dont on ne donnait que très rarement les origines sauf en cas d'auto-citations. Il s'agit en fait d'un regroupement de fiches de lectures à vocations pédagogique sans fil conducteur précis de sorte qu'aux exercices près, l'apport personnel étant peut perceptible, ce travail ressemble surtout à un gros fascicule de documents de travaux dirigés.

Un troisième ouvrage intitulé "Algérie de l'indépendance à l'état d'urgence" 1992 figure au dossier. Ce livre a été dirigé sous la direction du candidat et témoigne de sa capacité à rassembler autour de lui des contributions de qualité. Cet ouvrage, dans la diversité de ses approches est fort intéressant et outre son organisation la contribution propre de M. Lakehal est constituée par le premier chapitre intitulé "l'Algérie, espoirs et réalités". Ce texte retrace à partir de quelques exemples précis mais toujours sur le mode de la critique incantatoire, l'évolution de l'Algérie depuis son accession à l'indépendance. Cet article aurait pu s'appeler "les

7 maux de l'histoire" (problème de l'eau, coût de la vie, chômage des jeunes, logement, etc... autant de problèmes non résolus par le FLN et qui sont aujourd'hui des arguments faciles à exploiter par le FIS).

Au total un dossier décevant qui ne permet pas d'envisager favorablement une qualification aux fonctions de Maître de conférences en Sciences Économiques.

AVIS TRÈS RÉSERVÉ

Le rapporteur : J-P. G.
Le, 13 mai 1993

LETTRE N° 12

adressée au Président du C.N.U.

Monsieur Le Professeur F-R. M
Président de la section 5 du C.N.U.
Commission de recrutement
110, rue de Grenelle
75357 Paris

Paris, le 2 juin 1993

Monsieur Le Président du C.N.U.,

Après avoir sollicité, sans succès, une entrevue avec Monsieur J-P. G. pour connaître les raisons du refus de ma candidature à l'inscription sur la liste d'aptitude à la fonction de Maître de conférences, j'ai demandé au Ministère de l'Éducation nationale les rapports établis par MM. J-P. G. et P.P. L'excès de sévérité dans le traitement de mon dossier ne me paraît pas justifié en la circonstance. Je conteste entièrement le bien-fondé du rapport de J-P. G. essentiellement sur quatre points importants.

1) "Le candidat, âgé de 44 ans, a enseigné dans plusieurs établissements du secondaire privé ainsi qu'à l'Université de Paris XII en tant que chargé de T.D." Premièrement, à Paris XII, je n'ai pas fait que des TD, j'ai en charge deux enseignements magistraux pour le premier cycle et les concours administratifs catégorie A. Deuxièmement, le rapporteur oublie

de faire mention des expériences d'enseignement supérieur privé : Écoles de commerce, BTS et classes préparatoires commerciales. Troisièmement, il oublie aussi les huit années de gestion d'entreprise antérieures à ma prise de fonction en tant que fondateur et dirigeant élu du Laboratoire de Recherches en Sciences Économiques et Sociales (Larmises), association Loi de 1901, fondée en 1984.

Quel objectif recherche le rapporteur en ne mentionnant qu'une partie de mes expériences professionnelles notées dans le C.V., à un moment ou les universités rivalisent pour conclure des contrats avec les entreprises industrielles et commerciales qui exigent des connaissances concrètes du monde des affaires?

2) Les propos tenus sur le contenu de ma thèse sont en totale divergence avec les onze (11) pages des rapports de soutenance pourtant joints au dossier de candidature.

Comment peut-on expliquer une si grande divergence entre le rapport de J-P. G. et le rapport de soutenance ainsi que les trois rapports d'admission en soutenance?

3) A propos d'un projet de livre sur les théories économiques.

Ce projet contient un article proposé à la *Revue d'économie appliquée* ("Les théories économiques et leur validité dans une phase de mutation mondiale, 26 pages, une page et demi de bibliographie). Le rapporteur ne dit pas un seul mot sur ce travail théorique, comme il ne dit rien sur le livre (joint au dossier) consacré à la "Méthode d'analyse de sujets et d'élaboration de plans en sciences économiques" (Dunod 1991)

Pourquoi donc ce silence absolu sur un livre numéroté dans la liste du CV? Pourquoi pas un seul mot n'a été dit sur l'article intitulé "les théories économiques et leur validité dans une phase de mutation mondiale", contenu dans le projet de livre "Les théories économiques, fondements et limites du discours économique", vol. 1?

Le reste du livre "Théories économiques", c'est-à-dire 163 pages, traite cinq thèmes que représente ce premier volume : consommation et besoins, production de valeurs et valeur de la production, monnaie, crédit et taux d'intérêt, équilibre formel et déséquilibre réel, échange marchand.

Que dit le rapporteur sur ce travail? "Ce document regroupe divers papiers associés à des documents dont on ne connaît que très rarement les origines sauf en cas d'auto-citations".

Bien que le livre soit en cours de correction d'épreuves, comme je l'ai précisé par lettre d'accompagnement au rapporteur, à chaque fois qu'un auteur est cité, les références sont notées en bas de page. Dans ma carrière d'auteur, je n'ai jamais utilisé un travail, un concept, une expression, un mot, d'un collègue sans le citer.

Quant à l'insinuation de mégalomanie ("auto-citations", notez le pluriel) que fait Monsieur J-P. G. en écrivant "on ne connait que très rarement les origines sauf en cas d'auto-citations", je mets au défi l'auteur de trouver seulement deux "auto-citations" dans mon livre. Dans le chapitre Consommation et Besoins, j'ai commis le péché de me citer une seule fois en page 28 "Théorie des besoins attentes", puisque j'avais bâti presque toute une partie d'un livre ("Richesse des besoins", Larmises 1990) sur cette théorie, ouvrage préfacé par le regretté Professeur Henri Guitton, membre de l'Institut.

Quel chercheur qui a déjà publié des articles ou livres sur un thème, pourrait reprendre ce même thème sans citer au moins une référence antérieure, ne serait-ce que par honnêteté intellectuelle envers le lecteur, pour lui montrer le point de départ d'un travail?

Le rapporteur ajoute, à propos du livre de "théories économiques", "il s'agit en fait d'un regroupement de fiches de lectures à vocation pédagogique sans fil conducteur précis de sorte qu'aux exercices près, l'apport personnel étant peu perceptible, ce travail ressemble surtout à un gros fascicule de document de travaux dirigés". Personnellement, je me réjouis que mes étudiants aient fortement apprécié ce travail qui a permis à certains d'entre eux d'accéder à des postes de la fonction publique en disposant d'une somme de théories et de critiques de ces théories. Ce n'est absolument pas un dossier de T.D., car sur les cent soixante pages, il n'y a que sept pages d'extraits de livres (donc emprunts) présentés sous formes de documents. Tout le reste est constitué de présentations et de discussions sur les fondements, les hypothèses et les limites des théories économiques dans les cinq domaines composant ce premier volume rédigé du livre.

Monsieur J-P. G. affirme ne pas "percevoir" mon apport personnel. À mon sens le fait d'avoir écrit dans son rapport que je me suis auto-cité plusieurs fois (le pluriel est employé dans le rapport), alors que c'est absolument faux, constitue la meilleure preuve que le "document", comme il l'appelle, n'a pas été examiné avec le sérieux qu'on accorde habituellement à la fonction de rapporteur d'une commission scientifique.

Alors, je me demande pourquoi un enseignant expérimenté, comme Monsieur J-P. G., confondrait un document de T.D. et une recherche scientifique et pédagogique? Les T.D. je n'en fais plus depuis deux ans. Pourquoi vouloir, du début jusqu'à la fin du rapport, limiter mon travail à celui de chargé de T.D.? À moins que cette tâche soit considérée aujourd'hui par les membres du C.N.U. comme la preuve d'une incapacité professionnelle ou d'un handicap sérieux pour se faire titulariser?

4) Enfin le livre sur "L'Algérie, de l'indépendance à l'état d'urgence" (L'Harmattan, 1992), ouvrage collectif (15 chercheurs français et algériens) réalisé à mon initiative et sous ma direction . Le rapporteur dit : "la contribution propre de M. Lakehal est constituée par le premier chapitre intitulé : "L'Algérie, espoirs et réalités". Ce texte retrace à partir de quelques exemples précis mais toujours sur le mode de la critique incantatoire, l'évolution de l'Algérie depuis son accession à l'indépendance". Tout lecteur qui feuilleta ce livre remarquera que ma contribution écrite dépasse ce que Monsieur J-P. G. a pu en lire. Ce livre comprend quatre parties. Pour chacune d'elle, j'ai rédigé et signé une introduction et une conclusion-perspective. En plus de cela, le livre se termine par un second article : "Perspectives algériennes" (soit au total, 52 pages sur 286 que comprend le livre).

Encore une fois, pourquoi le rapporteur a-t-il essayé tout le temps de minorer mon travail? Pourquoi tant d'acharnement pour dénigrer une candidature en employant un ton ironique ("Cet article aurait pu s'appeler "les 7 maux de l'histoire algérienne") et en terminant son rapport par, "Au total un dossier décevant..."? Quant à l'incrimination de "critique incantatoire", Monsieur J-P. G. est le seul pour l'instant à employer cette expression si je compare son appréciation avec celles que j'ai lues dans la presse et les revues sur l'ouvrage ainsi que lors des émissions sur le livre auxquelles j'ai été invité. D'ailleurs, depuis que je publie des livres et des articles, jamais personne ne m'a fait une telle remarque.

Mon dossier est encore entre les mains de Monsieur J-P. G., vous pouvez donc facilement vérifier l'exactitude de tous mes propos sur les quatre points du litige. Certes le C.N.U. est souverain pour inscrire les candidats qui lui paraissent aptes à exercer en titre la fonction de Maître de conférences, même s'ils l'exercent déjà en pratique à l'université contre un salaire à la vacation trois fois moindre que celui d'un titulaire. Mais lorsqu'un candidat reçoit un rapport pareil, émanant d'une institution prestigieuse, il aura beaucoup de difficultés à comprendre réellement les raisons profondes du rejet de sa candidature, d'autant plus que dans mon cas, le rapport de l'année dernière (ci-joint copie) laissait prévoir une solution heureuse pour cette année. Malheureusement, je constate que mon Doctorat d'État, mes quinze ans d'enseignement à Paris, mes huit ans d'entreprise en France et à l'étranger, mes dix ouvrages, mon expérience de dirigeant d'une cellule de recherche et d'édition, mes soixante articles de presse, tout cela ne suffit plus pour être titularisé dans l'université française.

Je veux bien croire que les 119 inscrits (environ 400 présentés) ont tous plus et mieux travaillé que moi. Néanmoins, je suis très choqué lorsque je compare le rapport J-P. G. qui démolit injustement un collègue candidat à une titularisation et le rapport J. P. qui reconnaît la valeur du candidat (appréciation B+) et souhaite son inscription sur la liste d'aptitude à la fonction de Maître de conférences.

J'espère que cette injustice pourra être réparée et vous prie de croire, Monsieur Le Président du C.N.U., à l'expression de mes sentiments très distingués.

Mokhtar Lakehal

Remarque. Le livre collectif sur l'Algérie a demandé deux années de préparation durant lesquelles son coordinateur, Mokhtar Lakehal, a adressé soixante-dix lettres aux collaborateurs et administrations, dont vingt-cinq pages pleines, de remarques et suggestions à ses collaborateurs. Bien évidemment, des professeurs d'université chargés par le C.N.U. d'évaluer les travaux de leurs collègues ne tiennent jamais compte de ce travail très prenant, ce qui décourage tous les enseignants non titulaires qui se dévouent pour les tâches de coordination ou de direction des travaux collectifs.

LETTRE N° 13

réponse du Président du C.N.U.

F-R. M.
Président de Commission
Conseil national des universités — Le 3 juillet 1993

Monsieur,

J'ai été très sensible à votre courrier du mois de juin et à vos arguments.

Nous accordons notre confiance aux rapporteurs qui sont désignés par le bureau pour leur compétence. En cas de divergence d'appréciation, un débat est engagé, où le rapporteur de la commission est invité à justifier ses arguments.

Nous avons procédé de cette manière pour votre dossier et dès lors, en tant que président, je ne puis qu'assumer les décisions collégiales, indépendamment de mon jugement personnel.

Néanmoins, je ferai part de vos observations et propos de la forme utilisée dans l'appréciation de vos travaux.

Au fond, il me semble qu'un problème subsistera au niveau de la mention (honorable) apportée à votre thèse; la pratique de notre institution montre en effet que la qualification à l'enseignement supérieur est largement subordonné à l'obtention de la meilleure mention.

À mon niveau, je ne puis qu'avertir la commission présidée par Monsieur B. de votre démarche, afin qu'une attention particulière soit apportée à votre dossier lors de la prochaine session (début 1994). En cas d'échec renouvelé, une procédure de recours est prévue auprès d'une commission d'appel, présidée actuellement par Monsieur V.

Veuillez agréer, Monsieur, l'expression de ma considération distinguée.

F-R. M

1994

INSCRIPTION SUR LA LISTE D'APTITUDE À LA FONCTION DE MAÎTRE DE CONFÉRENCES

MINISTERE DE L'ENSEIGNEMENT SUPERIEUR
ET DE LA RECHERCHE

Bureau du Recrutement des Personnels de l'Enseignement Supérieur

Bureau D.G.A. 4

M. LAKEAL BOUHADI AMAR
MOKHTAR

80 RUE DE CHARENTON
75012 PARIS

A T T E S T A T I O N

d ' inscription sur la liste de qualification aux fonctions de maître de conférences (art. 24 du décret No 84-431 du 6 juin 1984 modifié)

-:-:-:-:-:-:-:-:-:-:-:-:-:-:-:-:-:-

M. LAKEAL BOUHADI AMAR MOKHTAR est inscrit (e) par la commission compétente de la section No : 05

SCIENCE ECONOMIQUE GENERALE

du Conseil national des universités sur la liste de qualification aux fonctions de maître de conférences pour une période de quatre ans prenant effet le : 07/04/94 .

Une copie de la présente attestation devra être produite pour se porter candidat aux concours de recrutement de maître de conférences .

La liste de qualification est publiée au Journal officiel de la République française. Elle peut également être consultée sur Minitel : 36-15 Edutel Plus - Code DGA.

Il ne sera pas délivré de duplicata

No de qualification : **9420529934**

Fait à Paris, le 14/04/94

Pour le ministre et par délégation
Par empêchement du directeur général
de l'administration, des ressources humaines
et des affaires financières
Le sous-directeur chargé du service
des ressources humaines

Jean-François CERVEL

PARTIE CONFIDENTIELLE ET DETACHABLE

No de qualification : 9420529934

Pour accéder aux différentes phases du recrutement (résultats, affectation sur un emploi) par Minitel 3614, Code EDUTEL, Mot Clé : DGA, vous devrez utiliser votre numéro de code confidentiel et personnel qui est le suivant : OABEF

LETTRE N° 14

adressée au Ministère
de l'Éducation nationale

Monsieur Cotte
Ministère de l'Éducation nationale
D.G.A.
45, rue des Saints Pères
75006 Paris

Objet : Inscription sur liste
d'aptitude, section 5.

Paris, 18 avril 1994

Monsieur,

Suite à notre conversation téléphonique de ce jour je vous confirme qu'une erreur dans l'orthographe de mon nom s'est glissée lors des saisies.

Mon nom s'écrit LAKEHAL BOUHADI AMAR Mokhtar.

Je vous prie de procéder à la rectification et de me refaire, si possible, une attestation d'inscription à la liste d'aptitude à la fonction de maître de conférences.

Je vous prie de croire, Monsieur, à l'expression de mes sentiments les meilleurs.

M. Lakehal B.A.

MINISTERE DE L'ENSEIGNEMENT SUPERIEUR ET DE LA RECHERCHE

Direction Générale de l'Administration, des Ressources Humaines et des Affaires Financières

----

Service des Ressources Humaines

Sous-direction de la réglementation et du recrutement des personnels de recherche et d'enseignement supérieur

----

Bureau du Recrutement des Personnels de l'Enseignement Supérieur

----

DGA 4/MC/MB/AG/N°220

45, rue des Saints-Pères - 75006 PARIS

Paris, le 27 AVR. 1994

LE CHEF DU BUREAU DU RECRUTEMENT DES PERSONNELS DE L'ENSEIGNEMENT SUPERIEUR

à

Monsieur Mokhtar LAKEHAL-BOUHADI-AMAR
80 rue de Charenton
75012 PARIS

Référence : Votre lettre du 18/04/1994.

J'ai l'honneur de vous faire savoir qu'il ne peut-être délivré de duplicata d'attestation d'inscription sur la liste de qualification.

Cependant, je vous précise que la commission compétente du Conseil national des universités vous a inscrit sur la liste de qualification aux fonctions de maître de conférences pour une période de quatre ans, prenant effet :

- le 07/04/94 pour la section 05 avec le numéro de qualification : 9420507891 ;

Une copie de la présente lettre pourra être produite pour vous porter candidat aux concours de recrutement de maître de conférences.

Le Chef du bureau du recrutement des personnels de l'enseignement supérieur

Michel MAURAGE

RETARD

dans la désignation des rapporteurs du C.N.U., section 5, Sciences économiques

Pour la campagne de recrutement de 1994, Mokhtar Lakehal n'a pas posé de candidature dans les universités.

La section 5 du C.N.U. (Sciences économiques) a été la dernière à dresser la liste d'aptitude à la fonction de Maître de conférences (cela suppose qu'il y a eu affrontements de clans pour se mettre d'accord). Un certain nombre de candidats n'avaient pas envoyé leurs dossiers aux universités parce qu'ils n'étaient pas sûrs d'être inscrits sur la liste d'Aptitude.

Il faut savoir que la candidature à un poste universitaire coûte énormément cher. Ce n'est pas un C.V. à mettre dans une enveloppe, comme pour toutes les autres réponses à des offres d'emploi que propose le marché du travail.

La candidature pour une vingtaine de postes (sur la centaine environ proposés dans toute la France) lui revient exactement à 16 000 francs de dépenses, dont au moins 4 000 francs de perdus définitivement (achat de colis, frais d'affranchissement, les dizaines d'enveloppes timbres, les centaines de photocopies, et les livres qui ne reviennent jamais malgré les relances auprès des universités, il y a même des rapporteurs qui gardent les copies d'attestation des Doctorats... Pour en faire on ne sait quoi? Mystère). Car il faut mettre en deux exemplaires la thèse, les livres, les mémoires de recherches ou articles.

1995

DÉCOUVERTE
DU MANDARINAT
ET DES INJUSTICES
À L'UNIVERSITÉ
FRANÇAISE

LETTRE N° 15

adressée à trois universitaires français et à un universitaire algérien

Paris, le 25/5/95

"LE POISSON POURRIT D'ABORD PAR SA TÊTE"

Chers Amis,

Lors de notre dernière conversation téléphonique, vous m'avez demandé de vous tenir au courant de mes démarches. Voilà mes dernières nouvelles, elles ne vont pas vous réjouir.

J'ai déposé ma candidature pour une vingtaine de postes en Université et en IUT à Paris et région parisienne, Lille, Reims, Nancy, Orléans, Amiens. Compte tenu du prix de chaque dossier, j'ai dépensé une somme importante pour avoir un poste dans une institution qui se referme de plus en plus sur elle-même. Quatre universités ou IUT m'ont convoqué — IUT B de Lille (Tourcoing), l'IUT de Marne la Vallée, Université d'Amiens, Université de Reims —. Aucune n'a retenu ma candidature.

Parallèlement à mon rôle de candidat, j'ai fait mon travail d'enquêteur en établissant de très nombreux contacts avec les candidats venus de différentes villes qui m'ont informé sur les pratiques de recrutement dans leur université et celles qui les convoquent ou ne les convoquent pas. J'ai discuté avec les candidats sur leur expérience d'enseignement, le nombre et la nature de leurs publications (pour ceux qui en avaient quelques unes en plus de leur thèse), j'en ai attendu plusieurs à la sortie de leur audition pour savoir quels types de questions leur posent les commissions de spécialistes. Je me suis donc renseigné auprès d'une cinquantaine de candidats convoqués pour une audition. Vous ne pouvez pas savoir à quel degré j'ai été à la fois choqué et édifié par cette expérience.

Choqué parce que je découvre de mes propres yeux les pratiques de certains universitaires que nous, gens du tiers monde, avons longtemps pris comme notre modèle tant que nous étions dans nos universités de pays sous-développés loin des magouilles universitaires françaises.

Édifié tout de même par mon expérience de candidat et d'enquêteur parce que je découvre la profondeur de ce proverbe qui dit "le poisson pourrit d'abord par sa tête". Alors j'ai décidé de ne plus candidater dans aucune université française, parce que j'ai enfin compris que ce monde fonctionne par réseaux d'influence et de soutien indépendamment des qualités professionnelles et humaines de tout candidat.

Ce n'est pas moi l'auteur de *Chroniques d'exil* — où je dénonce, entre autres, "la corruption, culture ancestrale du traître" — qui vais me mettre à corrompre d'une manière ou d'une autre des mandarins et leurs fidèles dans une université avant de poser ma candidature pour un concours supposé public, ouvert à tout candidat apte selon le C.N.U. à l'exercice de la fonction de Maître de conférences, quelles que soient ses origines, son idéologie et sa personnalité.

Un candidat m'a même promis de m'envoyer un texte qui a circulé au sein de certaines universités destiné à empêcher le recrutement de tout étranger non européen, notamment les universitaires du tiers monde. Tant que je ne l'ai pas reçu, je considère qu'il n'a jamais existé[1]. Mais puisque j'ai constaté moi-même et j'ai appris de nombreux candidats comment fonctionne un grand nombre de commissions de spécialistes aujourd'hui, je n'ai aucune envie d'entrer dans ce jeu ou tout est truqué. J'ai même l'intention de renvoyer au C.N.U. mon attestation d'inscription à la liste de Maître de conférences puisqu'elle ne me servira plus à rien. Ce n'est pas un geste irrévérencieux à l'égard de cette institution, c'est simplement un message pour leur signifier qu'ils pourraient inscrire à ma place un jeune candidat français doté d'un bon réseau pour le placer dans l'université de son choix! Moi j'ai compté uniquement sur ma thèse, mes travaux, mes expériences et ma bonne volonté. Même si mon pays redevenait accueillant je ne crois pas non plus que cette attestation me serait d'une grande utilité là-bas.

1 Effectivement, quelques mois plus tard, Mokhtar Lakehal reçoit de province ce document de 12 pages dactylographiées, non daté et non signé, mais portant le titre suivant : Le Conseil National des Universités en pratique. Ce document donne des recommandations aux rapporteurs. Le passage qui concerne directement les étrangers est formulé d'une manière très équivoque. "Le "retour" de nombreux candidats étrangers qui, en difficulté chez eux, tentent de bénéficier du décret de 1984. Les dossiers de ceux qui avaient précipité leur retour, au risque de bâcler leur thèse, sont en général problématique et mal actualisés". Le lecteur de ce document peut bien penser que les professeurs français directeurs de thèse de ces étrangers de retour en France seraient incompétents ou complices du sous-développement du tiers monde, puisqu'ils auraient laissé leurs élèves soutenir une thèse bâclée.

LETTRE N° 16

réponse de l'un des quatre universitaires

le 22/7/95

Cher ami,

Pardonnez le temps que je mets à vous répondre, mais la fin de l'année fut épouvantable (un voyage au ...., un autre au ..., des commissions et de nombreux problèmes administratifs).

Je comprends votre amertume mais je pense que vous n'êtes pas personnellement visé. Le système "actuel" (qui est aboli depuis peu!) prévoit plus d'inscrits qu'il n'y a de postes! Conséquence : de nombreux candidats habilités ne trouvent pas à se "caser" pourtant à un moment où il y a une prime aux candidats locaux. Il y a très peu de postes et beaucoup de candidats. De ce fait il existe une pression forte pour retenir les candidats locaux!

Ma conviction est qu'il faut viser des petites facs (peu demandées). Les facs parisiennes ou les grosses facs de province sont de facto inaccessibles. Lille, Amiens et Reims c'est un peu la banlieue de Paris!... Je pense qu'il ne faut pas dire que le système est "truqué", car les candidats recrutés sont généralement de bons candidats. Mais comment expliquer à un candidat "extérieur" que lorsqu'il y a 54 candidatures pour 1 ou 2 postes (avec 15 candidatures locales) il y a de grandes chances pour que ce soit un candidat local qui sera recruté in fine? Sur les 15 locaux il y a une bonne probabilité pour que l'on trouve un très bon candidat.

Je pense qu'il n'y a aucun a priori contre les candidatures algériennes. Je crois que dans le contexte actuel beaucoup d'universitaires français ont fait le maximum pour aider les étudiants ou leurs collègues algériens. Je suis moi-même submergé de demandes. Que faire? Je n'ai pas de postes. Je peux au mieux donner des dérogations pour des inscriptions mais nous n'avons pas le moyen d'accueillir de collègues à un moment où les postes budgétaires sont très réduits.

Bon courage tout de même et ne soyez pas trop désespéré. Je pense que tôt ou tard justice vous sera rendue.

Amicalement

J. P.

Qu'ont répondu les trois autres universitaires que M. Lakehal appelle "Chers Amis" en commençant sa lettre n° 15 du 25/5/95?

L'universitaire algérien a réagi le jour même de la réception de la lettre. Dans sa réponse téléphonique il exhorte son ami Mokhtar à la patience "Cela ne sert à rien de renvoyer ton attestation au C.N.U. après tout le combat que tu as mené pour te faire inscrire comme Maître de conférences".

Aucune réponse des deux autres universitaires français.

Mais un jour, en traversant un couloir d'une université parisienne, Mokhtar Lakehal rencontra l'un de ceux qu'il appelait "Cher ami" dans sa lettre. Il obtint cette réponse qu'on sort généralement lorsqu'on est pris par surprise : "excuse moi de ne pas avoir répondu à ta lettre, je trouvais qu'elle faisait un peu circulaire. Mais j'ai discuté avec monsieur .... (son chef de Département) qui m'a dit qu'il voudrait bien t'aider, mais la commission locale de spécialistes ne serait pas favorable à ta candidature". Les deux hommes, très pressés l'un comme l'autre, se quittent en disant qu'il faudra se revoir.

Cette rencontre inopinée date du mois d'octobre 1995, au moment où les postes n'étaient pas encore publiés. Mais au mois de janvier 1996, — sans que les deux hommes se soient revus — lorsque les postes ont été publiés au Journal Officiel, Mokhtar Lakehal, en contactant un collègue enseignant dans une autre discipline, d'une intégrité morale sans reproche, il découvre en fait que le grand chef en question avait son candidat. Moralité, la commission de spécialistes n'avait rien a voir dans l'affaire puisqu'elle ne connaît pas Mokhtar Lakehal qui n'a jamais candidaté dans cette université pour la simple raison que depuis 1990 aucun poste de maître de conférences en sciences économiques n'a été créé. Mokhtar Lakehal déteste les réseaux, le clubs et les mondanités. Il n'ira jamais pousser la porte du potentat pour lui demander de se rappeler de tous les efforts qu'il a déployé pour ses étudiants et pour l'université française, sans jamais rien demander en contrepartie que son misérable salaire de vacataire. Pour marquer le coup, il décidera, fin janvier 1996, d'écrire trois lettres pour rappeler à certains, sa position au sein de l'université.

LETTRE N° 17

adressée au Ministre de l'Éducation nationale

Monsieur Le Ministre de l'éducation nationale

J'ai déposé ma candidature pour une vingtaine de postes en Sciences économiques dans les universités et les IUT à Paris et région parisienne, Lille, Reims, Nancy, Orléans, Amiens. Compte tenu du prix de chaque dossier, j'ai dépensé une somme importante pour avoir un poste dans une institution qui se referme de plus en plus sur elle-même. Quatre universités m'ont convoqué. Aucune n'a retenu ma candidature.

Au cours de mes déplacements j'ai établi de nombreux contacts avec les candidats venus de différentes villes qui m'ont informé sur les pratiques de recrutement dans leur université et celles qui les convoquent ou ne les convoquent pas. J'ai discuté avec les candidats sur leur expérience d'enseignement, le nombre et la nature de leurs publications (pour ceux qui en avaient quelques unes en plus de leur thèse), j'en ai attendu plusieurs à la sortie de leur audition pour savoir quels types de questions leur posent les commissions de spécialistes. Je me suis donc renseigné auprès d'une cinquantaine de candidats convoqués pour une audition.

J'ai été choqué par cette expérience, parce que je découvre de mes propres yeux les pratiques de certains universitaires que nous, gens du tiers monde, avons longtemps pris comme notre modèle tant que nous étions dans nos universités de pays sous-développés loin des pratiques discriminatoires de certaines universités françaises.

Ce n'est pas moi l'auteur de *Chroniques d'exil* — où je dénonce, entre autres, "la corruption, culture ancestrale du traître" — qui vais se mettre à constituer des réseaux d'influence avant de poser ma candidature pour un concours supposé public, ouvert à tout candidat apte selon le C.N.U. à l'exercice de la fonction de maître de conférences, quelles que soient ses origines, son idéologie et sa personnalité. J'ai compté uniquement sur ma thèse, mes travaux, mes expériences et ma bonne volonté. Mais apparemment c'est loin d'être suffisant pour se faire titulariser aujourd'hui après seize ans de services dans l'enseignement supérieur français.

Puisque l'idée d'un débat sur l'éducation nationale suivi d'un référendum a été maintes fois évoquée par Monsieur le Président de la République pendant sa campagne électorale, je me permets de vous livrer les réflexions que m'inspirent les résultats d'une enquête que j'ai menée durant le mois de mai 95 auprès d'une cinquantaine de candidats au poste de Maître de conférences en sciences économiques.

* * *

1) Si j'étais candidat français "reçu-collé" (la France en compte plus de 7000 cas), j'irais partout dénoncer le fait que l'on continue à recruter des enseignants pour une université de masse avec les mêmes pratiques éprouvées dans l'université de classe. On ne pense pas un seul instant à l'apport du candidat pour les étudiants, premiers concernés par le recrutement, mais principalement à l'opportunité d'intégration du chercheur dans l'un des clans, généralement le plus nombreux ou le plus puissant dans l'université. Selon les indiscrétions des collègues qui participent à ces commissions, on a toutes les peines du monde à croire que leur mission est de recruter des enseignants eu égard aux critères de sélection utilisés pour soutenir un candidat contre un autre.

2) Je ne tolérerais jamais cette manière de procéder dans les universités : faire venir des candidats pour leur demander en “cinq minutes chrono”, d'exposer un travail de recherches de plusieurs années, devant une commission où parfois aucun membre n'a soutenu sa thèse ou publié des travaux dans la spécialité du candidat convoqué. N'est-ce pas de la fumisterie intellectuelle puisque aucun membre n'est objectivement en mesure d'évaluer l'apport réel du chercheur à la spécialité? Le candidat ressort avec l'impression qu'on l'a convoqué pour voir “à quoi ressemble-t-il (elle)”. Ce qui n'exclut nullement les situations loufoques où parfois l'un des rapporteurs n'a ni les expériences, ni l'audience, ni la longueur de CV du candidat qu'il doit juger! Il arrive même que des dossiers de candidats Docteurs d'État (c'est-à-dire habilités à encadrer des chercheurs) soient confiés à des rapporteurs titulaires d'un Doctorat nouveau régime qui correspond à un doctorat de 3e cycle amélioré!

3) Je me révolterais contre le fait que, sous la pression du clan le plus influant, une commission de spécialistes puisse donner sa préférence à un (e) candidat (e) qui vient de terminer sa thèse, sans aucune publication ou avec seulement une moisson d'un ou de deux articles (généralement des extraits de sa thèse). Car ce “reçu-admis”, fusse-t-il le premier de la classe, brillera certainement par son inexpérience notoire dans l'enseignement (deux ou trois ans comme moniteur ou chargé de TD ne font pas un Maître de conférences, même dans une république bananière), et va devoir apprendre son métier sur le dos des étudiants, alors que des hommes et des femmes qui ont un nom, une liste honorable de travaux, une très longue expérience des institutions (entreprises, administrations, laboratoires, organismes professionnels ou internationaux) et de l'enseignement en rang magistral (soit à l'étranger, soit en France dans l'enseignement privé, grandes écoles ou en vacation à l'université), ne sont même pas convoqués pour participer au soi-disant concours public de recrutement.

4) Je dénoncerais bruyamment la pratique du gel des postes pour placer des poulains et le confectionnement des postes en fonction, non pas des besoins réels du pays, mais de la spécialité des élèves des mandarins détenteurs de pouvoirs, à tel point qu'aujourd'hui des thésards introduits osent dire à leurs malheureux camarades (malheureux parce que victimes de leur fierté de ne demander d'aide à personne) qu'ils sont absolument sûrs d'avoir un poste dans leur université, ceci quelles que soient les qualités et les expériences des candidats extérieurs qui viendront naïvement perdre leur temps en posant leur candidature sur un poste déjà pourvu mais annoncé publiquement en concours afin de respecter une apparence de forme. Cela s'appelle de l'auto-reproduction de clans ou simplement de la défense du territoire tribal, alors que nous sommes encore, me semble-t-il, dans une république dont l'une des devises est l'égalité devant la loi, donc l'égalité des chances dans la fonction publique.

* * *

1) Si j'étais candidat français à un poste de Maître de conférences, je demanderais aux autorités compétentes de mon pays de désigner des experts indépendants pour révéler le contenu des rapports faits par certains universitaires sur leurs collègues; cela permettra à l'opinion publique de découvrir l'état d'esprit de certains rapporteurs, leur manière d'éliminer les candidats, qui souvent ont fait réellement la preuve de leur efficacité, mais dont on ne veut absolument pas comme titulaires (donc partageant le pouvoir) à l'université par crainte de les voir remuer les choses, surtout s'ils viennent d'établissements supérieurs où la reconduite des contrats dépend uniquement de la manière dont est perçu, par les intéressés, le service rendu aux étudiants et de la valeur accordée à leur prestation par les futurs employeurs de leurs étudiants.

2) Je demanderais aussi au gouvernement de réquisitionner des locaux des universités où viennent s'échouer 40 à 50 % des bacheliers inscrits en premier cycle, pour en faire des établissements qui forment des hommes et des femmes à de vrais métiers, avec des professionnels qui transmettent des connaissances utiles grâce auxquelles le jeune, à la sortie de l'université, pourra gagner sa vie, fonder un foyer et vivre dignement au lieu de revendiquer le RMI en étant titulaire d'un diplôme d'enseignement supérieur. Avec l'avènement de l'université de masse ces vingt dernières années et surtout la saturation durable et générale des marchés de l'emploi pour les "métiers" auxquels forme l'institution universitaire, combien de temps les universités pourront-elles continuer à berner les générations issues des classes modestes et moyennes, en leur proposant un parchemin qui tend plutôt à servir de titre honorifique pour les enfants de familles possédant un patrimoine pour vivre?

3) Je suggérerais la création d'un vrai organisme de recrutement des enseignants-chercheurs, composé d'un tiers de professeurs, d'un tiers de maîtres de conférence et d'un tiers de personnalités directement concernées par le contenu de l'enseignement (des représentants des étudiants et ceux du monde du travail, c'est-à-dire le patronat, les chambres de métiers, les administrations et les organismes internationaux). On procède d'abord à une évaluation de tous les besoins nationaux et on lance ensuite une campagne de recrutement par l'inscription sur une liste de recrues auxquelles on propose officiellement un poste dans l'université qui a vraiment besoin de leurs compétences. Un "patron" de laboratoire n'est ni propriétaire des lieux (c'est un simple salarié de l'État payé avec l'argent du contribuable) ni un gourou d'une secte qui s'arroge le droit de n'accepter que les fidèles dans sa communauté. Il doit donc s'efforcer d'intégrer dans son équipe le collègue qu'on lui envoie, puisque des experts

indépendants de l'université sont venus évaluer préalablement toutes les caractéristiques du poste. Si le candidat refuse son affectation, le poste sera immédiatement proposé à un second candidat, car celui qui postule dans la fonction publique doit accepter implicitement de changer d'université ou de région conformément aux intérêts vitaux de la collectivité nationale.

4) Je suggérerais avec insistance la publication annuelle d'un fascicule par section de C.N.U., dans lequel chacun des postes vacants pour l'année prochaine sera très détaillé sur plusieurs pages. On y trouvera tout ce que l'université exigera comme tâches, compétences, spécialisation, disponibilités, expériences, etc. Grâce à cette transparence, n'adresseront leur candidature au nouvel organisme de recrutement que les postulants qui répondent aux caractéristiques du poste. En sciences économiques, on ne pourra plus recruter un Maître de conférences en fonction de l'école de pensée et marginaliser les indépendants, comme cela se pratique couramment. Parce que jusque-là les candidats, sauf s'ils sont locaux et soutenus ouvertement par leur patron de thèse et son clan, ne savent pas grand chose sur chaque offre d'emploi universitaire, sinon qu'ils devront enseigner, corriger des copies et publier des articles s'ils veulent gagner plus rapidement des échelons. Ce procédé scandaleux de dissimulation volontaire d'informations sur chaque poste mis en concours fait que celui qui vient de l'extérieur aura, devant la commission de spécialistes, un discours général sur ses compétences et ses travaux, alors que le fléchage est déjà mis pour favoriser le candidat local qui est bien au courant de ce qu'il faudra dire et a pu faire sa "campagne" tous les jours dans la salle des professeurs.

5) Enfin si j'étais un compatriote de Montesquieu, je répéterais à qui voudrait bien m'entendre ce que le grand homme avait dit dans un siècle d'obscurantisme : "Si je savais quelque chose qui me fût utile et qui fût préjudiciable à ma famille, je le rejetterais de mon esprit. Si je savais quelque chose

utile à ma famille et qui ne le fût pas à ma patrie, je chercherais à l'oublier. Si je savais quelque chose utile à ma patrie et qui fût préjudiciable à l'Europe, ou bien qui fût utile à l'Europe et préjudiciable au genre humain, je la regarderais comme un crime".

Je vous prie d'agréer, Monsieur le Ministre de l'Éducation nationale, l'expression de ma haute considération.

Mokhtar Lakehal
Paris, le 8 juin 1995

P.S. Ci-joint Fiche trombinoscope pour vous faire une idée de mon dossier de candidature adressé aux universités[1]

Remarque. Sans réponse après six mois d'attente, j'ai donc décidé de faire connaître à l'opinion publique comment fonctionne le recrutement à l'université. Sous le titre "Réformer les universitaires", le quotidien français La Croix a publié de très larges extraits de cette lettre, dans son édition du 16 janvier 1996. L'article a provoqué la réaction de deux scientifiques membres du C.N.U., sans apporter le moindre démenti sur le fond du problème, mais aucune réaction des économistes. C'est surtout cette lettre d'un père de famille qui est significative de l'inquiétude grandissante des parents devant les perspectives d'avenir offertes par l'université française à leurs enfants :

"Juste un petit mot en premier pour Mokhtar Lakehal pour le féliciter pour son article "réformer les universitaires", de la part d'un ouvrier agricole lecteur de La Croix depuis trente ans, père de quatre enfants : bac + 5, bac + 7 (Docteur en physique chimie), bac +5 et bac + 4 (pour le moment étudiant à Londres). Je vais photocopier et envoyer son article à Jospin et à d'autres personnes. Continuez de lui donner de temps en temps une demie page, car ses articles sont toujours très bien.

Merci Monsieur Lakehal".

Monsieur P. M. Responsable
AMIS DE LA CROIX
Le 19 janvier 1996

[1] Voir dossier joint page 112

LETTRE N° 18

adressée au Président de la République française

Même contenu que la lettre n° 17 adressée au Ministre de l'Éducation nationale, avec seulement ce passage en plus :

" Puisque pendant votre campagne électorale vous avez évoqué à maintes reprises l'idée d'un débat sur l'éducation nationale suivi d'un référendum, puisque vous avez tant insisté sur les inégalités et les injustices en France (j'ai eu le privilège d'assister avec trois de mes étudiants au colloque organisé par La Croix et France inter où vous avez exprimé votre écoeurement et vos projets sur la question), je me permets de vous livrer les réflexions que m'inspirent les résultats d'une enquête que j'ai menée durant le mois de mai 95 auprès d'une cinquantaine de candidats au poste de Maître de conférences en sciences économiques".

Remarque. Ni le Ministre de l'Éducation nationale, Monsieur François Bayrou, ni le Président de la République, Monsieur Jacques Chirac, ne m'a répondu. Mais, j'ai appris au mois de janvier 1997 que la réforme des universités, actuellement en chantier, prévoit un changement de mode de recrutement des enseignants du supérieur et la possibilité accordée aux "usagers" de l'université de pouvoir évaluer l'enseignement. On n'est pas encore allé jusqu'à s'interroger sur l'utilité de certains pseudo-savoirs qui servent à bourrer les programmes, ni à envisager de "virer" les mauvais professeurs et les improductifs, mais je m'estimerais suffisamment satisfait si cette réforme voyait le jour ... avant mon départ en retraite ou en près-retraite!

FICHE "TROMBINOSCOPE"

Nom : LAKEHAL

Prénom Mokhtar

Né 1949, Algérie

OUVRAGES PUBLIÉS LES CINQ DERNIÈRES ANNÉES

1. *Chroniques d'exil d'un écrivant*
L'Harmattan, Paris, novembre 1994
2. *Théories économiques, fondements et limites des discours économiques*
IUP-CEFRAL/LARMISES, Paris, décembre 1993 (1e éd.) et novembre 1994 (2e éd.)
3. *Algérie, de l'indépendance à l'état d'urgence* (Sous la direction de M. Lakehal)
L'Harmattan/LARMISES, Paris, octobre 1992
4. *Méthode d'analyse de sujets et d'élaboration de plans en sciences économiques*
Dunod,Paris, mars 1991
5. *Prévologie, du droit aux soins au droit à la santé,* préface de Guy Caire
Dunod,Paris, janvier 1991
6. *Richesse des besoins,* préface de Henri Guitton
LARMISES, Paris, février 1990

TITRES, DIPLÔMES

Docteur d'État ès sciences économiques
Professeur de sciences économiques et sociales

INSTITUTION

LARMISES,
Laboratoire de sciences économiques et sociales
80, rue de Charenton, 75012 Paris

RESPONSABILITÉ ÉDITORIALE

Fondateur et Directeur des publications LARMISES

BIOGRAPHIE SOMMAIRE

Mokhtar Lakehal fait partie de ces jeunes Algériens des années soixante qui ont été contraints, par le harcèlement de la propagande du parti unique FLN, d'interrompre leurs études pour remplacer les coopérants techniques repartis après les nationalisations de mai 1968. Cette rencontre avec le monde du travail lui fait découvrir l'envers du décor révolutionnaire. En janvier 1974, il réussit à obtenir la fameuse "Autorisation de sortie" et vient s'installer à Paris, sans bourse ni aide familiale, dans l'espoir de terminer son DECS (Comptabilité) à Paris II-Assas, la seule Université parisienne qui préparait à l'expertise comptable. Mais dès son arrivée, une "erreur" administrative l'oblige de changer d'université et d'orientation. Salarié à plein temps, il entreprend néanmoins de nouvelles études (les sciences économiques) qu'il terminera en 1990, malgré toutes sortes de péripéties et d'obstacles, par un Doctorat d'État (Université de Paris-X, Nanterre). Depuis 1979, il a enseigné les Sciences économiques — Bac, BTS, DEUG, Licence, Écoles de commerce, Formation professionnelle, Concours HEC, Concours administratifs catégorie A, IPAG — et collaboré dans les journaux Le Monde, La Croix, Algérie Actualité, El Watan, Le Matin. En 1984, il fonde le laboratoire indépendant de recherches LARMISES et anime ses publications.

CONTRIBUTIONS

à quatre spécialités de la science économique

1. Économie de la santé

* Enrichissement de la spécialité par la mise au point de huit concepts nouveaux : 1) Prévologie, 2) Besoin-attente, 3) Besoin-impératif, 4) Indicateur de prévention, 5) Risque-besoin, 6) Coûts cachés, 7) Cardinalité du système de besoins, 8) Correspondance systémique.

* Démonstration des implications concrètes de deux doctrines fortement divergentes : celle qui est fondée sur le droit aux soins médicaux et celle qui se réfère au droit à la santé.

* Démonstration de l'évolution symptomatique de la société occidentale à travers la correspondance systémique de la cardinalité du système de besoins (subordination, irréductibilité, prolifération et satiété) et d'une cardinalité systémique plus importante (État, besoin, santé, prévention).

* Articulation de deux cardinalités, l'une située au niveau micro-social, la cardinalité du système de besoins : *subordination, irréductibilité, prolifération et satiété,* et l'autre placée au niveau macro-social : *État-Besoin-santé-prévention.*

* Analyse du système de santé par la distinction de ses trois âges : *âge de la sécurité professionnelle, âge de la sécurité familiale, âge de la sécurité sociale.*

* Analyse de l'origine de la crise du système de santé français à travers l'absence de correspondance systémique adéquate entre système de besoins et système économique.

* Proposition de modèle de sortie de crise de la protection sociale

2. Histoire économique des grandes puissances industrielles

* La distinction entre une *révolution industrielle* et un *changement de système économique.*

* L'opposition de l'idée de *rupture systémique* et *accélération du rythme d'activité.*

* L'analyse des conditions économiques et sociales qui ont prévalu au changement des mentalités en faveur d'une certaine *idée du progrès social* : comment *l'idée de justice sociale* a pu s'imposer.

* Les nécessités du capitalisme de renouer avec la tradition de *la conquête*, au détriment de *l'échange,* avant d'imposer *le marché* comme régulateur.

* La lente exacerbation des contradictions entre *discours de progrès* et *situation sociale* en Occident qui aidera à l'instauration d'un *nouvel ordre social intérieur.*

* *La stratégie* adoptée par chacune de ces cinq grandes puissances pour sortir de *la crise économique,* et surtout le changement d'orientation des *politiques économiques* entrepris entre 1979-1981 avec la tentative de *rupture idéologique,* plus ou moins réussie dans chacune des grandes puissances.

3. Économie du développement

* Analyse des raisons du *retard historique* du tiers monde.

* Analyse de la nature des *faillites des modèles de développement.*

* Analyse des responsabilités fondées dans les faillites des modèles de développement.

* Analyse du contenu objectif de l'idée d'un *"refus du développement"* par les peuples d'Afrique.

* Un diagnostic d'un cas d'échec : l'Algérie, à travers un bilan pluridisciplinaire de trente années d'effort.

4. Épistémologie et pensée économique

a) Au niveau des concepts

* Un questionnement des sciences sociales sur la reconnaissance scientifique de besoins.

* Nature de l'impuissance de nombreuses théories à expliquer le fonctionnement réel du système de besoins.

b) Au niveau de la perception de notre discipline

* Différence entre méthode de travail et recettes pour accomplir une tâche particulière.

* Attitudes et comportements de l'économiste à travers son discours écrit (analyse du discours).

c) Au niveau épistémologique.

* Reconstitution des mécanismes de la pensée économique.

* Analyse des conflits de méthodes.

* Analyse des difficultés d'une discipline scientifique en crise.

* Analyse de la notion d'universalité des théories et modèles économiques au regard du réel.

EXPÉRIENCES PROFESSIONNELLES

dans l'enseignement et la recherche et dans les travaux administratifs et les éditoriaux

1. Spécificité des activités d'enseigne-ment 1979-1995

a) Cours magistraux :

* Initiation aux sciences économiques et sociales, terminales B et E.S.

* Enseignement de l'histoire économique contemporaine en premier cycle universitaire.

* Enseignement de la méthode des sciences économiques et sociales, premier et second cycle universitaire, classes préparatoires, stages pour fonctionnaires préparant des concours catégorie A.

* Analyse économique DEUG, Licence, concours HEC, concours administratifs catégorie A.

* Initiation aux théories économiques DEUG Histoire, concours administratifs catégorie A.

* Enseignement de la micro-économie et la macro-économie pour la préparation aux concours d'Attaché d'administration territoriale.

* Économie industrielle, 3e année écoles de commerce.

* Politiques économiques, 3e année écoles de commerce.

b) Travaux dirigés :

* Première et seconde année de DEUG (AES, Histoire, LEA).

* Licence sciences administratives (IPAG).

* Concours administratifs (Attachés d'Administration).

* Techniques d'analyse du discours économique et social (plusieurs niveaux).

* Pratique de l'écriture, recherche de plans de rédaction.

2) Spécificité des autres activités

a) Gestion, comptabilité et organisation des entreprises :

* 1968-1973 : Responsable du service Comptabilité-Fournisseurs, S.N.M.C., (ex-Cado, groupe Lafarge), Algérie.

* 1974-1979 : Multiples emplois en comptabilité et finances dans plusieurs entreprises de la région parisienne.

* 1984-1995 : Gestion administrative des publications LARMISES.

b) Recherches et édition :

* 1978 : Chargé d'études au Ministère du Travail et de la Participation, Place Fontenoy, Paris.

* 1984-1995. Fondateur et dirigeant de l'ARMISE (Association de Recherches en Micro-Socio-Économie) devenue, en 1987, LARMISES (Laboratoire de Recherches en Sciences Économiques et Sociales). LARMISES est une petite cellule indépendante de recherche non subventionnée, dont les membres s'intéressent à trois domaines.

-Recherche en ressource humaine et économie de la santé.

-Recherche en développement (Afrique et pays arabes).

-Recherche en méthodologie et épistémologie.

* 1980-1994 : Chroniqueur aux journaux Le Monde (1980-1987), La Croix (1984-1994), Algérie-Actualité (1985-1986), El Watan (1992-1994), Le Matin (1992-1993).

* 1992-1994 : Critique à La Croix et à El Watan d'ouvrages de sciences économiques, de sciences politiques et d'histoire contemporaine.

Paris, le 8 juin 1995

LETTRE N° 19

adressée au Professeur R. P.

Monsieur Le Professeur R. P.

Paris, le 26 janvier 1996

Monsieur,

Nous avons probablement dû nous croiser sans se parler dans les couloirs de l'Institut, pour la simple raison que nos activités respectives ne nous ont pas permis de nous rencontrer. Et pourtant voilà onze années que je collabore dans les différents départements de l'université Paris XII (AES, IPAG, Lettres, Histoire, CÉFRAL). Je vais entamer ma sixième année d'enseignement au CÉFRAL, organisme de formation dépendant de l'I.U.P.

Je vous écris cette lettre pour vous informer que je candidate pour la première fois dans cette université (je dois dire plutôt "mon université" puisque je suis supposé être un candidat local) sur les postes de sciences économiques publiés dans le journal officiel du 28 décembre 1995.

Je ne dispose d'aucun réseau de soutien pour défendre ma candidature au sein de la commission de spécialistes, cela ne fait pas partie de mes principes. Je m'adresse à vous pour vous dire que je compte uniquement sur les services que j'ai rendus à cette université et le contenu de mon curriculum vitae, en sachant pertinemment que cela ne suffit pas toujours comparativement aux candidatures de ceux et celles qui disposent d'un réseau de soutien interne.

Si vous n'êtes pas mon rapporteur, je voudrai au moins que vous soyez informé avant la réunion de la commission, de ma candidature et du contenu de mon dossier, car l'expérience avec deux rapporteurs du C.N.U. m'a largement édifié en la matière.

Par cette démarche je voulais tout simplement que vous ayez tout le temps de parcourir attentivement le CV ci-joint qui retrace, sans dissimulation aucune, ma vie professionnelle depuis l'âge de 19 ans. Cela peut vous sembler inhabituel de la part d'un candidat, parce qu'en réalité ma situation au sein de l'université ne correspond pas aux "normes" habituelles. Je me devais de vous avertir que je candidate devant une commission à laquelle vous appartenez, afin qu'aucun de ses membres ne puisse, le jour de la réunion, vous dire : "comment cela se fait-il que vous ne connaissiez pas Mokhtar Lakehal qui pourtant est chargé de cours à l'IUP et y travaille depuis 1990?" Avec le trombinoscope et le CV très détaillé (9 pages) ci-joints, je vous laisse la liberté d'appuyer ma titularisation ou de faire perdurer, par votre vote, ma précarité dans l'université à laquelle je suis fidèle depuis 1985.

Je n'ai pas osé venir vous voir pour plaider mon dossier, vous avez tous les moyens de savoir si je suis apte à être titularisé, — après tout ce que j'ai pu donner à cette université et la publicité que je lui ai faite à travers mes articles et mes ouvrages, voire le sérieux avec lequel j'ai toujours appréhendé la fonction d'enseigner. Dans les départements où j'ai successivement enseigné, j'ai vu défiler nombre d'économistes qui avaient impressionné leurs recruteurs par leur CV, mais qui n'ont pas réussi à faire passer leurs cours. Cette dimension dans une institution dont la vocation première est de former des citoyens est trop souvent oubliée dans les commissions de spécialistes qui ne s'intéressent qu'aux travaux théoriques, croyant que tous ceux qui cherchent trouvent et tous ceux qui trouvent (c'est-à-dire publient) arrivent à résoudre les vrais problèmes des Français aujourd'hui.

Je vous prie de croire, Monsieur, à l'expression de mes sentiments les meilleurs.

M. Lakehal

LETTRE N° 20

réponse du Professeur R. P.

Créteil, le 2 février 1996

Cher Monsieur,

Merci de votre lettre et de votre CV que j'ai lu avec attention. Différents voyages prévus de longue date m'empêcheront de participer activement à la sélection d'un maître de conférences.

Mais je peux vous assurer, sur la base de l'expérience passée, que cette commission de spécialistes effectue ses choix avec beaucoup de sérieux et d'honnêteté, sans a-priori, et sans privilégier systématiquement les candidats maisons. Je ne dirais pas autant de toutes les commissions. Il est vrai aussi 1) que la concurrence est très rude, et 2) que la mode est aux spécialistes de théorie pure. Mais je puis vous assurer que les jeux ne sont pas faits avant le début de la partie.

Sentiments distingués.

R. P.

LETTRE N° 21

adressée à un responsable de département universitaire

Monsieur J. C. A.

Paris, le 26 janvier 1996

Monsieur,

Voilà onze années que je collabore dans les différents départements de l'université Paris XII (AES, IPAG, Histoire, IUP). Je vais entamer ma sixième année d'enseignement au Département d'Histoire et au CÉFRAL, organisme de formation des fonctionnaires dépendant de l'I.U.P .

Je vous informe que je candidate pour la première fois dans cette université (je dois dire plutôt “mon université” puisque je suis supposé être un candidat local) sur les postes de sciences économiques publiés dans le journal officiel du 28 décembre 1995, dont l'un (n° 0513) relève de votre Institut.

Je ne dispose d'aucun réseau de soutien pour défendre ma candidature au sein de la commission de spécialistes, cela ne fait pas partie de mes principes de constituer des réseaux d'influence. Je m'adresse à vous pour vous dire que je compte uniquement sur les services que j'ai rendus à cette université et le contenu de mon curriculum vitae, en sachant pertinemment que cela ne suffit pas toujours comparativement aux candidatures de ceux et celles qui disposent d'un réseau de soutien interne.

J'espère seulement que les responsables de l'AES et de l'IPAG de 1985 à 1990 se souviennent des efforts que j'ai pu déployer, avant de partir dans d'autres départements (IUP et Histoire) continuer mon travail avec la même abnégation, puisque le recrutement d'une PRAG (Mlle B.), correspondant au double d'heures d'un Maître de conférences titulaire, avait supprimé mes heures de vacation. N'étant pas agrégé du secondaire, je n'ai pas pu candidater à l'époque pour ce poste (il faut être, entre autres conditions, de nationalité française pour passer le concours de l'agrégation).

Je ne viendrai pas vous voir pour solliciter vos appuis, je vous demande simplement de vous souvenir d'un certain vacataire algérien qui acceptait des T.D de l'IPAG qui se terminaient à 21 heures!

Avec le trombinoscope et le CV très détaillé (9 pages) ci-joints, je vous laisse la liberté d'appuyer ma titularisation ou de faire perdurer, par votre silence, ma précarité dans l'université à laquelle je suis fidèle depuis 1985.

Je vous prie de croire, Monsieur, à l'expression de mes sentiments les meilleurs.

M. Lakehal

LETTRE N° 22

envoyée à un collègue universitaire

Paris, le 26 janvier 1996

Cher ami,

J'ai reçu les accusés réception de ma candidature aux différents postes en sciences économiques mis en concours à l'Université Paris XII.

Le service du personnel nous indique le code Minitel pour connaître les procédures.

En effet, le poste de l'IPAG est conçu sur mesure pour l'élève du président de la commission de spécialistes : "modélisation du chaos".

Sérieusement, a-t-on besoin de cette qualification pour former des étudiants qui préparent des concours administratifs, si l'IPAG signifie encore Institut de Préparation à l'Administration Générale? A-t-on besoin de cette spécialité pour les étudiants de Deug, Licence, Maîtrise, voire DEA, d'administration économique et sociale?

"Théorie du chaos", "Modélisation du chaos",... Je ne suis pas certain que les mathématiciens de Jussieu ou d'Orsay l'enseignent en premier et second cycles de Maths.

Cela ne fera pas avancer ma candidature, mais me réjouit une fois de plus de constater que les informations recueillies auprès des plusieurs dizaines de candidats au concours (mai 1995) se vérifient l'une après l'autre.

Amicalement

Mokhtar

LETTRE N° 23

envoyée à Maître Georges Guermonprez

Paris, le 2/2/96

Cher Ami,

Je mets au défi tout universitaire français de me citer un candidat français recruté en sciences économiques, entre 1994-1995, qui a autant d'expérience et d'autorité que moi.

— 2 licences, une maîtrise, un DEA, un Doctorat d'État (diplômes français, obtenus dans trois universités parisiennes Paris I, Paris VIII et Paris X);

— 13 livres publiés (2, Dunod, 2 L'Harmattan, 7 en Coédition), une thèse de Doctorat d'État, 2 mémoires de recherche, 74 articles, (dans 6 revues et journaux différents), 10 fiches de lectures.

— Dix-sept années d'enseignement dans le secondaire et le supérieur (dont onze dans la même université, Paris XII), du baccalauréat jusqu'aux concours administratifs.

— Huit ans de gestion des entreprises (en Algérie et en France),

— Douze années de gestion d'un laboratoire de recherche et d'édition (LARMISES).

Quand j'arrive dans ces salles d'attente le jour des auditions des candidats convoqués par les commissions de spécialistes (candidats inscrits sur la liste d'aptitude à la fonction de Maître de conférences) je suis pris d'un malaise de me retrouver avec mes élèves tellement les candidats convoqués sont jeunes (nouveaux thésards), à quelques rares exceptions (généralement des Maîtres de conférences étrangers, voire des professeurs d'universités titulaires d'une chaire dans leur pays mais qui ont dû la quitter d'urgence pour des raisons de sécurité pour eux et leur famille, en espérant bénéficier d'une solidarité de la communauté scientifique française, en attendant des jours meilleurs).

Certains m'ont conseillé de formuler une demande de nationalité française pour faciliter ma titularisation dans une université. Ce conseil est donné généralement par ceux qui ont assez trimé, plutôt ceux à qui on a suffisamment fait comprendre que le décret socialiste de 1984 (permettant la titularisation des universitaires étrangers) est une bourde habilement contournée que personne n'a osé supprimer. Mais par les temps qui courent — "la préférence nationale" (bien qu'elle ne soit pas stipulée dans les B.O et J.O. annonçant les postes vacants) doublée de la priorité aux jeunes pour l'emploi (évoquée personnellement et plusieurs fois par le Premier Ministre) — l'acquisition de la nationalité semble être une référence implicite dans le dossier de candidature.

Franchement, est-ce que le service que j'ai rendu depuis vingt deux ans à votre pays n'est pas la preuve de sincérité d'intégration, plus que le fait d'être titulaire d'une carte nationale d'identité française? N'ai-je pas rendu plus de services que tous ces planqués, français de souche ou par acquisition, qui sont titulaires de leur poste universitaire mais qui n'ont pas publié grand chose, ces cinq dernières années, digne du titre de Maître de conférences ou de Professeur qu'ils arborent?

Je pensais que la nation française était reconnaissante envers ceux qui la bâtissent par leur travail et ceux qui promeuvent sa langue et forment consciencieusement ses enfants. Je crois que cette épreuve pour la titularisation m'a révélé l'un de mes profonds traits de caractère : face à l'hypocrisie ambiante je resterai l'arabe naïf que je suis.

Amicalement

Mokhtar

TRAVAUX ET PUBLICATIONS

réalisés entre 1978 et 1996

I. Présentation chronologique et sommaire des travaux et publications

Depuis 1978, année d'obtention du D.E.A. de sciences économiques, option socio-économie de la ressource humaine, mes préoccupations se sont polarisées sur quatre axes : *1) l'économie de la ressource humaine, plus précisément l'économie de la santé, 2) l'évolution des grandes puissances industrielles, 3) l'économie du développement, 4) les problèmes de méthodes et les fondements de l'universalité des théories économiques.*

Sur une période de seize ans, aucun de ces pôles d'intérêt n'a été délaissé au profit d'un autre, même si pendant plusieurs années un seul domaine semble englober toute mon activité éditoriale. En réalité, celle-ci ne correspond pas tout à fait à la spécialisation universitaire stricto sensu dans la mesure où un grand nombre d'universitaires exploitent leur filon sans jamais ressentir le moindre besoin d'aller voir ce qui se passe à côté. Ces quatre domaines se tiennent organiquement. Parce que toute interrogation sur la ressource humaine (ma première spécialité), débouche sur les questions de systèmes et structures, donc sur une analyse de l'évolution des grandes puissances, l'exposé des problèmes résolus par la théorie économique et ceux qui demeurent en suspens, comme par exemple le degré d'universalité de toute théorie économique. Le chercheur qui voudrait se spécialiser dans l'économie de la santé constatera aussi que ses interrogations sur le devenir des grandes puissances fondatrices de l'État providence, interpellent le tiers monde sur son retard historique. Ce lien organique entre les quatre spécialités — économie de la santé, histoire des faits économiques, économie du développement, pensée économique et épistémologie — est clairement compris dans la problématique de tout économiste pour autant qu'il ait une vision anthropologique de l'action économique.

1. *Le Réseau National d'Accueil Pour les Travailleurs Migrants en France*

Le ministère du travail a mis en place un réseau national d'accueil des étrangers. Chaque bureau joue le rôle de bureau d'orientation afin d'éviter aux administrations françaises une surcharge inutile de travail et ne recevoir que les personnes en rapport direct avec leur compétence. En 1978 l'avenir de ce réseau était compromis. Une étude statistique par motifs de visite pour chacune des nationalités présentes en France allait servir de base de jugement sur la décision de maintenir ou non cette expérience de bureau d'accueil des travailleurs migrants. On découvre des différences énormes des fréquences des visites entres les nationalités, ce qui rendait urgente une recherche sociologique sur les rapports de chaque nationalité avec l'administration. Pourquoi certaines nationalités règlent leurs problèmes sans recourir à l'administration, tandis que d'autres sur-utilisent les réseaux d'accueil par l'importance du nombre moyen de visites annuelles par travailleur migrant? L'analyse statistique débouche sur une analyse sociologique des comportements à l'égard de l'administration.

Direction des Populations Migrantes (DPM), Ministère du Travail et de la Participation, Place Fontenoy, Paris. Document. ronéotypé., 54 pages, format 21/29, Paris, 6/1978

2. *Besoins sociaux et Sécurité sociale*

Le concept de besoins sociaux est le fondement de tout système de protection sociale. Dans ce mémoire la recherche s'oriente sur deux pistes différentes : les fondements du caractère social d'un besoin et la nécessité d'un système élargi de protection sociale. Il s'agit d'établir ensuite les liens entre un concept que les économistes n'ont pas cherché à forger en se contentant de considérer les besoins comme une donnée extérieure à la science économique, et une organisation dont le modèle est totalement opposé à celui de tout système capitaliste pur, mais qui a réussi à s'imposer comme une nécessité pour les fonctionnements d'un grand nombre de régimes capitalistes au XXe siècle. Ce travail représente une enquête sur les données essentielles d'une relation complexe : les liens entre le besoin de sécurité individuelle et la nécessité d'une sécurité collective comprenant même les classes les plus aisées.

Mémoire de D.E.A., bibliothèque de l'U.E.R. de sciences économiques, Université de Paris X (Nanterre), document ronéotypé, 200 pages, format 21/29, Paris, oct. 1978.

3. *Systèmes économiques, croissance et progrès social*

Ce titre regroupe un ensemble de travaux et cours sur l'évolution socio-économique du monde contemporain. Les douze chapitres présentés dans l'ordre chronologique des faits sont conçus pour montrer les conditions économiques et sociales qui ont prévalu au changement de mentalité en faveur d'une certaine idée du progrès social. Outre les thèmes de conférences données à l'I.S.G. en 1982-1983, y sont intégrées des synthèses de discussions menées au sein de l'association de recherches en micro-socio-économie (Armise). Ces thèmes de travaux donneront lieu à d'autres publications entre 1985 et 1986.

L'ARMISE, (Association de Recherche en Micro-Socio-Économie) 490 pages, format 21/29, Paris, novembre 1984.

4. ***Le Capitalisme depuis l'origine***

Ce livre représente un cours sur les systèmes et les structures capitalistes. L'ouvrage contient une introduction générale sur les divergences de perception des systèmes par les économistes. Un premier chapitre sur la distinction entre une révolution industrielle et un changement de système économique pour montrer que les peuples européens de la fin du XVIIIe et du début du XIXe siècle ne parlaient pas tellement de révolution industrielle et avaient une perception très différence de celle des historiens du XXe siècle. Un second chapitre sur les nécessités du capitalisme de renouer avec la tradition de la conquête, au détriment de l'échange, avant d'imposer le marché comme régulateur. Enfin un dernier chapitre montrant la lente exacerbation des contradictions entre discours de progrès et situation sociale en Occident qui aidera à l'instauration d'un nouvel ordre social intérieur.

Coédition L'ARMISE-Tiers Monde, 160 pages, format 14/21, Paris, Novembre 1985.

5. ***Le Temps des ruptures***

De grands événements historiques ont propulsé les États-Unis au premier rang mondial à l'époque où la Russie, le Japon et le Tiers monde ne constituaient pas, comme aujourd'hui, des grands pôles de stratégies. Mais dès la fin des années soixante, les hautes performances technologiques de l'Allemagne et du Japon sanctifient les stratégies adoptées en modèles de réussite, certains diront "miracles économiques". La France sera rattrapée puis dépassée par les géants de l'économie mondiale. Quant à l'Angleterre — cet ancien "atelier du monde" —, la multipolarité des stratégies lui impose le choix douloureux entre deux places disponibles : celle du plus petit des grands ou celle du plus grand des petits. Ce livre insiste sur la stratégie adoptée par chacune de ces cinq grandes puissances pour sortir de la crise économique, et surtout le changement d'orientation des politiques économiques entrepris entre 1979-1981 avec la tentative de rupture idéologique.

Coédition L'ARMISE-Tiers Monde, 160 pages, format 14/21, Paris, mars 1986.

6. *Aux pays du socialisme réel*

La révolution russe est un non sens dialectique, puisque les contradictions entre les forces productives en 1917 n'étaient pas exacerbées au point de provoquer une rupture systémique. La Chine rurale et semi-féodale se trouvait dans la même situation "dialectique" en 1949, ni prolétariat industriel ni bourgeoisie dominante capables d'accomplir immédiatement une mission révolutionnaire. Le sous-développement de l'une et de l'autre sera combattu d'abord par une stratégie de croissance extensive. Pour l'URSS cela durera jusqu'à la fin des années soixante. Les propositions de réforme depuis 1965 s'inscrivent dans une autre stratégie : la croissance intensive. Mais pour passer de la première à la seconde, deux conditions sont absolument nécessaires : 1. Accroître le rythme des innovations techniques afin de réaliser davantage de gains en productivité. Seulement nous constatons que l'URSS ne fournit même pas 2% des brevets techniques déposés dans le monde! 2. Les réformes touchent les structures économiques (infrastructures) mais le régime politique n'évolue pas. La distorsion entre les deux devient un handicap incontournable pour l'application d'une stratégie de croissance intensive. Comment développer l'innovation et la productivité alors que le système politique incite plutôt à la routine dans l'industrie, l'agriculture et le commerce?

Coédition L'ARMISE-Tiers Monde, 140 pages, format 14/21, Paris, mai 1986.

7. ***À l'ombre de l'Occident***

Pour expier son péché originel envers le dieu du Temps, le Tiers monde est condamné comme Hercule aux douze travaux de rédemption. Quelle que soit la démarche, la perception des réalités n'est pas sans risque de déformation quand elle est le fait de professionnels du récit. Ce livre est une réflexion à partir de recherches de terrain, sur un tiers monde qui ne se trouve pas forcément au-delà des mers, loin de nos somptueuses portes. Ces réflexions sont avant tout une interpellation du tiers monde sur son retard historique. Les faillites des modèles de développement incombent tout autant aux États séduits par les marchands d'idées qu'aux experts du développement qui ont estimé les dimensions — culturelle, spirituelle et sociale — trop sinueuses pour cadrer avec le calcul économique. Cette lacune réelle dans ce que l'homme a d'essentiel provoque la ruine des stratégies conçues pour des sociétés sans âme. Le plus inquiétant aujourd'hui est que, les échecs des jeunes nations font croire, à tort, que les peuples du tiers monde *"refusent le développement"*.

Les Publications LARMISES, 172 pages, format 14/21, Paris, avril 1987.

8. ***L'optimum d'injustice sociale***

Ce livre est une interrogation sur les possibilités d'intégration d'une institution, telle que la Sécurité sociale, à un système capitaliste fondé sur la recherche du profit. Il constitue donc une étape de travail, par laquelle nous montrons les difficultés rencontrées dans les pays développés, à cause de la confusion générale entre le droit aux soins médicaux et le droit à la santé pour tous.

Les deux types d'organisations, le capitalisme et la Sécurité sociale, sont tellement dissemblables qu'un observateur peut, sans hésiter, choisir l'une des deux voies possibles d'analyse. Soit apprécier la Sécurité sociale comme un moyen de corriger les imperfections du marché, parce qu'elle se charge d'une partie des besoins exclus. Soit considérer le système de protection sociale comme un corps étranger qui annihile progressivement les fondements mêmes du capitalisme, du fait du coût de la solidarité nationale sur la compétitivité des entreprises.

À une époque où le discours néolibéral faillit séduire des populations maintenues longtemps dans l'expectative, il nous semble opportun de rappeler dans quelles conditions une conquête sociale s'est réalisée au profit des peuples sans sécurité économique. Aussi il convient de montrer l'importance du système de protection dans une économie moderne, c'est-à-dire son rôle positif dans le développement économique et social. Les ambiguïtés du discours néolibéral sont inquiétantes, parce que les partisans du capitalisme sauvage oublient volontairement que nous avons changé de monde depuis Smith, Ricardo, Walras.

Les Publications LARMISES, 180 pages, Format 16/21; Paris, janvier 1988.

9. *Richesse des besoins*

La subordination, l'irréductibilité, la prolifération, la satiété constituent la cardinalité de tout système de besoins. Richesse des besoins est une interrogation sur des sciences sociales : économie politique, histoire, psychologie, sociologie et anthropologie —en confrontant les systèmes : capitaliste et socialiste — sur la reconnaissance scientifique des besoins. Il s'agit de tenter une réponse mettant en évidence l'impuissance de nombreuses théories à expliquer le fonctionnement réel du système des besoins. Ce constat débouche sur une proposition d'une théorie du risque-besoin pour comprendre la nature de la correspondance systémique : État, besoin, santé et prévention.

Préface de Henri Guitton, Les Publications LARMISES, 180 pages, Format 16/21; Paris, février 1990.

10. ***De la Sécurité sociale à la prévention sociale***

Dans un premier temps, je me suis intéressé à la relation besoin-sécurité, mais j'ai compris qu'il manquait un terme essentiel: le risque. La construction du triptyque: risque-besoin-sécurité, m'a donné l'idée des "coûts cachés" et l'idée "des trois âges". Comme je menais parallèlement un travail sur les systèmes comparés, j'ai donc tenté de construire un cadre systémique dans lequel aurait évolué le triptyque. Finalement, je découvre que si le système de besoins est fondé sur la cardinalité suivante: subordination, irréductibilité, prolifération et satiété, il est lui même un élément d'une cardinalité plus ample: État-Besoin-santé-prévention, dont la forme et la spécificité sont déterminées par chacun des trois âges de l'évolution de la protection sociale. La médiatisation des problèmes de santé et de protection sociale durant les dix dernières années a mis en évidence les lacunes en matière de recherche sur "les coûts cachés", domaine délaissé par les économistes au profit des analyses sur "les coûts formels". J'ai donc pris le risque d'aller explorer un champ de recherche habituellement occupé par les sociologues, les psychologues et les praticiens attitrés du social.

Partant de l'idée des trois étapes de la protection sociale, en introduisant la distinction entre deux catégories de besoins: besoins impératifs et besoins attentes, tout en insistant d'emblée sur les rapports État, besoin, santé, prévention, j'ai essayé d'articuler, de manière dynamique, trois idées essentielles.

1) Parmi les très nombreuses sociétés de pénurie, seules quelques unes ont franchi une étape ultime de développement qui les a fait passer au stade de la société d'abondance. Confrontées à l'épreuve des faits, elles n'arrivent pas à garantir le droit à la santé, qu'elles perçoivent toujours comme un *besoin impératif*, mais seulement le droit aux soins plus facilement identifiable à un *besoin attente*. La substitution effective du premier droit au second et son respect absolu fera changer radicalement la nature des relations sociales.

2) Conçue à l'origine pour maîtriser *la dynamique des besoins impératifs*, la Sécurité sociale se retrouve aujourd'hui entraînée par *la dynamique des besoins attentes*. Les aspirations légitimes ne se distinguent plus du désir de perfection, surtout quand la technique et l'information franchissent une certaine étape de leur développement. Dans cette perspective, je ne vois pas comment cette institution pourrait se maintenir en se laissant entraîner par la dynamique du désir de perfection. Seule une prise de conscience collective favorisant la liberté et la responsabilité, pourrait conduire les individus à ne plus confondre le droit à la santé et le droit aux soins.

3) Au lieu de faire des analyses en termes abstraits sur les besoins sociaux — un concept mal cerné — mieux vaut déterminer les risques créateurs de besoins. Ensuite, concevoir des politiques de prévention adaptées aux particularismes biologiques des patrimoines génétiques, c'est-à-dire au programme de vie de chaque individu. Cela atténuerait la dépendance à l'égard de l'État providence entretenue par la Sécurité sociale et inciterait au développement de la responsabilité individuelle dans la sauvegarde du patrimoine santé. Cette attitude a maintes fois permis aux institutions de détecter préventivement les coûts cachés et réduire leur incidence sur le budget.

La poursuite de cette recherche peut se faire dans cinq domaines complémentaires.

1) Les rapports prévention-liberté.

2) Les relations entre propagateurs de prévention.

3) L'utilité d'une institution de sécurité préventive nationale.

4) L'élaboration d'un modèle mathématique d'évaluation de l'action macropréventive.

5) L'analyse du fonctionnement du marché de la prévention.

Ce travail de recherche a été considérablement gêné par trois ordres de difficulté. Non titulaire d'un poste universitaire j'étais contraint de subir une surcharge d'heures d'enseignement (20 à 24 heures hebdomadaires) réparties sur plusieurs établissements éloignés les uns des autres, tout en poursuivant des recherches. Il fallait donc que je sois fortement passionné par mon sujet pour résister à cet obstacle. Ensuite, la longue maladie (1987-1988) puis la perte de mon directeur de thèse, Edgard Andréani, furent des moments qui ont brisé mon enthousiasme de poursuivre les recherches pour cette thèse. Enfin, pour démontrer l'efficacité de la prévention, il fallait ou bien des études des coûts-avantages ou bien un modèle mathématique. J'ai tenté d'utiliser les deux méthodes avec toutes les complications que cela suppose.

Thèse de Doctorat d'État en sciences économiques, sous la Direction successive de Edgard Andréani († 1988) et Guy Caire, 432 pages, Université de Paris-X (Nanterre), déposée en février 1990 et soutenue le 4 juillet 1990.

11. ***Prévologie : du droit aux soins au droit à la santé***

Il est relativement fréquent, à l'heure où la sécurité sociale connaît de délicats problèmes financiers, de lire des propositions de réformes qui permettraient de mettre fin à son déficit. Il est beaucoup plus rare de trouver une réflexion approfondie portant sur les fondements de la sécurité sociale et sur la politique à mettre en oeuvre en matière de santé. C'est pourtant ce que propose ce livre qui s'attache à démontrer une idée fondamentale : la nécessité de passer d'une société privilégiant les soins — et donc la réparation d'un dommage — à une société animée par le souci de préserver le patrimoine-santé de chaque individu — et accordant par conséquent la priorité à la prévention.

Les trois chapitres de ce livre exposent ainsi avec clarté les difficultés liées à la conception et la mise en oeuvre d'une politique de prévention, politique qui permettrait à chacun de lutter contre les multiples agressions de son environnement. La sécurité sociale, qui a jusqu'ici privilégié le droit aux soins, pourrait ainsi trouver un relais utile dans la prévention, accordant enfin aux citoyens un véritable droit à la santé.

Préface de Guy Caire, Éditions Dunod et les Publications LARMISES, 201 pages, Format 16/24; Paris, janvier 1991.

12. ***Méthode d'analyse de sujets et d'élaboration de plans en sciences économiques***

L'épreuve de dissertation en sciences économiques s'impose aujourd'hui dans de nombreux examens ou concours. Souvent redoutée par les étudiants, elle exige une très grande rigueur dans l'analyse du sujet et l'élaboration du plan, des connaissances approfondies ainsi qu'une excellente maîtrise des moyens d'expression. Pour la première fois, un ouvrage propose aux étudiants une véritable méthode de travail. Parce qu'il n'est pas un simple livre de recettes, il leur permet de réussir leurs dissertations en sciences économiques ainsi que les nombreux autres exercices qui peuvent leur être demandés au cours de leurs études. L'ouvrage débute par un chapitre entièrement consacré à la présentation de la méthode.

J'ai essayé d'expliquer de manière très pédagogique comment choisir, analyser et délimiter un sujet, puis comment construire un plan à la fois cohérent et original. Dix huit sujets sont présentés (dont quatre avec documents) auxquels j'ai appliqué la méthode développée dans le premier chapitre. Des exemples de combinaisons de plans sont ainsi proposés pour chaque sujet traité, les parties clés — introduction, transitions, conclusion — sont systématiquement rédigées, avec propositions d'orientation de l'exposé pour chacune des parties. Le dernier chapitre est consacré au commentaire et à la correction de deux copies réellement écrites par deux étudiants lors d'un examen organisé au sein de l'université de Créteil.

Éditions Dunod, 212 pages, Collection Économie "module", Format 16/24; Paris, mars 1991.

13. ***Algérie : De l'indépendance à l'état d'urgence***

Pays engagé dans toutes les luttes d'émancipation des peuples, l'Algérie vit depuis octobre 1988 sa plus difficile transition historique, en se retrouvant à nouveau devant un défi à relever aussi déterminant pour son avenir que celui du 1er novembre 1954. Un regard attentif sur l'évolution de cette nation évoque forcément la sentence de Machiavel. "Il y a deux degrés de la puissance : celle qui se nourrit de la force d'un peuple, et celle qui se nourrit de sa faiblesse".

Pour comprendre les drames, les réalités et les espoirs du peuple algérien, ce bilan global de trente années réalisé par quinze spécialistes de différentes nationalités, dans un style accessible, permet au lecteur — connaisseur ou non de l'Algérie — de trouver des réponses aux trois questions essentielles. D'abord pourquoi cette région qui était suffisamment intégrée au capitalisme français avait opté vigoureusement en 1962 pour une autre voie, contrairement à ses voisins maghrébins et africains qui n'ont pas osé rompre? Ensuite, la référence au socialisme étant officiellement abandonnée depuis février 1989, date d'adoption de la nouvelle constitution algérienne, quels sont les acquis politiques, économiques et sociaux de trente années de lutte contre le sous-développement? Enfin, l'analyse méthodique des difficultés actuelles suscite la question la plus angoissante. Quelles perspectives a laissé aux Algériens le règne absolu de trente années de parti unique?

Ouvrage collectif, sous la Direction de Mokhtar Lakehal, équipe de recherche composée de R. Arrus, S. Bedrani, A. Benachenhou, G. Caire, N. Grimaud, A. Jonckheere, M. Kaddar, M. Khelladi, S. Musette, M. Ollivier, J. Pérennes, O. Si Ameur, N. Sidhoum, L. Talha, R. Zouaimia.

Coédition L'Harmattan-LARMISES, 288 pages, Collection Histoire et perspectives méditerranéennes, Format 16/24, Paris, octobre 1992.

14. ***Théories économiques : fondements et limites des discours économiques***

Cet ouvrage n'est pas un livre d'histoire de la pensée économique ni un manuel traditionnel d'économie politique. Il a été conçu pour détruire le cloisonnement artificiel entretenu dans les universités entre le cours de micro-économie, l'histoire de la pensée économique et le cours de macroéconomie.

Plus d'une soixantaine de théories capitales sont présentées et critiquées. L'ensemble s'articule autour de sept chapitres : consommation, production et valeur, monnaie et taux d'intérêt, échange marchand, équilibre et déséquilibre économiques, travail et relations industrielles, validité des méthodes et des théories économiques.

Fruit d'une très longue expérience d'enseignement supérieur, ce travail est indiqué principalement aux :

— Lecteurs découragés par l'usage excessif des mathématiques dans de nombreux manuels modernes d'économie politique;

— Lecteurs souhaitant acquérir un savoir solide sur chacun des grands domaines de l'économie politique, avec une vue d'ensemble plus nette de cette discipline;

— Lecteurs préparant des concours très difficiles : accès en 2e année de Sciences politiques, Agrégation de sciences économiques et sociales, Attachés d'administration, Inspecteurs des finances, Administrateurs, Accès à l'É.N.A, etc. Concours où la dissertation d'économie politique exige des connaissances théoriques précises.

Coédition CÉFRAL-I.U.P-LARMISES, 306 pages, Format 14,5/21, Paris, décembre 1993 (1è éd.) et novembre 1996 (4e édition).

15. ***Chroniques d'exil d'un écrivant***

Chroniques d'exil d'un écrivant est un livre recueil de soixante douze articles sur l'immigration, la crise algérienne, le sous-développement, la santé, la protection sociale, les conflits sociaux, l'éducation nationale, la gestion des entreprises, les politiques économiques, les problèmes économiques, etc. Les préoccupations essentielles de leur auteur sont celles d'un homme libre et indépendant qui a voulu témoigner de son époque, sans rendre de compte à personne, sinon à sa propre conscience et au jugement de l'histoire. Ces articles ont été publiés dans cinq journaux très éloignés géographiquement, idéologiquement et intellectuellement : Le Monde, La Croix-l'Événement, Algérie-Actualité, El Watan, Le Matin.

Le choix du terme *écrivant* à la place *d'écrivain* est délibéré afin que le lecteur averti sache que dans ce livre une forme particulière d'écriture est utilisée, celle que requiert le récit des situations concrètes, sans chercher à plaire à des courants de pensée, des faiseurs d'opinion ou des gardiens des dogmes. Témoigner n'a jamais signifié militer. La plupart des sujets traités dans ces Chroniques commencées en 1980, sont depuis plusieurs années considérés comme assez sensibles pour l'opinion publique française et occidentale en particulier et arabo-musulmane en général. Ce travail doit montrer au lecteur que l'économiste, sans adhérer à une organisation politique, philosophique ou syndicale, a le devoir de témoigner de son époque en participant à des débats d'idées et non pas se contenter d'accumuler du savoir abstrait tout en revendiquant pour sa corporation le titre de profession intellectuelle.

Éditions L'Harmattan, 272 pages, Collection Histoire et perspectives méditerranéennes, Format 16/24, Paris, octobre 1994

16. Analyse économique, Actes et acteurs de l'économie

En supprimant les barrières artificielles dressées entre la micro-économie et la macro-économie, l'ouvrage qui s'inspire autant des sciences sociales — économie, anthropologie, histoire — que de l'actualité, tente de répondre, en sept chapitres, aux grandes questions universelles. Comment se comporte le producteur? Que recherche l'investisseur? Comment réagit le consommateur? Le banquier, producteur ou intermédiaire? Mais quelle place pour l'homme? Comment intégrer ou réintégrer le travailleur? Et que font-ils de l'État et du système?

— Ce livre est conçu, au contraire de tout manuel scolaire, dans un esprit de cohabitation de deux philosophies : celle qui se construit par l'expérience de l'observateur et celle qui émerge de l'expérience du professeur. Son axe principal est l'analyse des actes économiques, des problèmes concrets et des controverses sur les actes des agents économiques. Il représente le fruit de plusieurs années de fréquentation d'un public de fonctionnaires expérimentés et d'étudiants-stagiaires qui préparent des concours catégorie A de la fonction publique.

— La nature de l'épreuve économique — une dissertation — et le public auquel s'adresse l'économiste obligent l'enseignant universitaire à dépouiller son discours de toute démonstration mathématique, afin de donner une large place aux descriptions, à l'argumentation et aux confrontations des idées. Car ce public travaille à plein temps sur des dossiers économiques, financiers, sociaux, culturels, politiques. Il est extrêmement sensible à la forme du discours et à son utilité réelle, au moment où tant de modèles, doctrines et théories sont contrariés par la versatilité des opinions publiques, les caprices de la conjoncture et l'emballement de l'histoire.

Coédition CÉFRAL-I.U.P-LARMISES, 304 pages, Format 14,5/21, Paris, novembre 1995, seconde édition octobre 1996

17. Principes et Méthodes de la dissertation de sciences économiques et sociales

Les deux épreuves au choix — une dissertation ou une question de synthèse — proposées aux candidats au bac ES supposent à la fois la maîtrise d'un programme scolaire — une somme de connaissances précises —, un état d'esprit et un certain savoir-faire acquis progressivement dès la seconde, qu'on appelle communément *méthodologie.* Celle-ci concerne le traitement de l'information — les documents annexes au sujet proposé — et l'organisation des connaissances en vue d'échafauder une argumentation qui répond à la question posée.

Derrière la panoplie de techniques utilisées dans ce livre, nous cherchons surtout à décrire l'état d'esprit qui permettra à l'élève de Terminale ES de savoir comment analyser un sujet, formuler une problématique, élaborer un plan détaillé, concevoir les parties clés de la copie, savoir tenir le langage qu'attend tout examinateur d'un candidat.

Parallèlement à cette démarche, l'élève devra assimiler quelques techniques de base de l'écriture que nous exposerons au fur et à mesure des besoins. Cela dit, nous mettons en garde le lecteur contre une tendance générale dans le secondaire où les élèves assimilent la méthode à des recettes de cuisine. Si l'accumulation de connaissances sans méthode de travail a toujours donné une fausse assurance, qui se révèle fatale le jour du bac, jamais l'acquisition d'une méthode, sans maîtrise du programme, n'a garanti un quelconque succès à l'élève. Ce livre est une initiation scientifique à la méthode, il ne saurait remplacer le cours magistral ni les travaux dirigés réalisés en classe.

P.U.F, Collection Major, 128 pages, format 12/18, Paris, (à paraître en avril 1997).

ARTICLES

d'économie, d'histoire et de sociologie parus en Algérie, Belgique et France entre 1980 et 1996

I. Problèmes de méthode et coûts cachés de l'économie

Le discours scientifique face au discours populiste
La Croix du 19-07-84

Si besoin était ... le besoin et la science
Algérie Actualité n° 1014 du 21 au 27-3-85

Entre l'opinion et les faits économiques
La Croix du 25-04-85

L'entreprise et la nation
La Croix du 1-10-85

Le prince et le Gourou : l'économiste en désuétude
Le Monde du 1-01-86

Les coûts cachés de Tchernobyl
La Croix du 28-05-86

L'autre privatisation
La Croix du 27-05-88

Le prétendu pouvoir intellectuel
La Croix du 13-05-89

Capitalisme, socialisme et monothéisme
La Croix du 11-08-89

L'objectivité de l'économiste
La Croix du 22-02-90

Les avantages négociés, aux seuls syndiqués?
La Croix du 16-05-90

Les coûts du chômage

La Croix du 21-02-92

La pensée économique orthodoxe et les pensées traditionnelles

La Croix du 22-07-93

Les additions de l'économiste

La Croix du 7-10-93

II. Économie du Développement

La nouvelle philosophie du développement.

La Croix du 4-10-84

La déconvenue arabo-islamique

La Croix du 16-03-85

Toutes ces guerres qui ne se font plus en Europe

Algérie Actualité n° 1017 du 11 au 17-4-85

Les nouveaux pays industrialisés

La Croix du 15-16/09-85

La géographie de l'intelligence

Le Monde du 20-07-85

Don du pain ou don de la parole

La Croix du 15-16/12-85

Être arabe, la fascination du passé

Le Monde du 19-06-87

Aux abords du cimetière de l'histoire

La Croix du 7-12-88

Les trois tares des jeunes nations

El Watan du 3 et 4-6-92

Le Traité de Maastricht : un défi au Maghreb

El Watan du 22-09-92

Dieu est au masculin

El Watan du 25, 26 et 27-5-93

Ces modélistes qui appauvrissent l'humanité

Défis-Sud du 3e trimestre 1995

L'économiste complice du génocide culturel?
Défis-Sud du 3e trimestre 1996

III. Situation algérienne

La Quatrième République algérienne
La Croix du 12-06-90
Algérie, vue d'exil
El Watan du 23-03-92
Algérie, histoire d'un échec non annoncé
El Watan du 20-04-92
Chronique de l'année 1962 de A à Z
El Watan du 31-7-92 et 1,2,3,4,5,6,7,8,9,10,11, 12,13,14,15-8-92
Investissement, l'Algérie tourne le dos aux immigrés?
El Watan du 26 et 27-10-92
Les occidentaux face à l'Algérie
El Watan du 23 et 24-12-92
Les pratiques des consulats français
El Watan du 7-1-93 et
La Croix du 29-4-93
Laissez-les nous informer objectivement
El Watan du 29-30-1-93
Inflation, que vaut l'expérience occidentale pour l'Algérie?
El Watan du 21-4-93
À quand le retour de nos chercheurs?
Le Matin du 5-5-93
Comprendre les origines du terrorisme en Algérie
Le Matin du 21-6-93
Air Algérie, quelle stratégie commerciale?
El Watan du 22 et 23-6-93
Notre culture est-elle exportable?
El Watan du 11-7-93

Pourquoi le silence des intellectuels?
El Watan du 28, 29-1-94
L'Algérie et la France dix ans après
La Croix du 25-5-94
L'erreur des démocrates algériens
Défis-Sud du 1er trimestre. 1995

IV. Famille, immigration, intégration et réintégration

L'expérience du mariage mixte
Le Monde du 12-12-80
Quel destin pour les musulmans de France?
Le Monde du 8-11-83
Les ethnies unies veulent la paix
La Croix du 14-02-84
Famille orientale et famille occidentale
La Croix du 29-05-84
Les "Beurs", une conscience tourmentée
La Croix du 17-11-84
Un moment privilégié de dialogue entre Chrétiens et Musulmans
La Croix du 23-24-12-84
Le ramadan : un mois de convivialité
La Croix du 8-06-85
Le droit de garde et le droit de ressemblance
La Croix du 2-07-85
Mariage mixte et théorème de l'émigration
Algérie-Actualité n° 1030 du 11 au 17-7-85
Le pauvre, le juif, l'immigré
La Croix du 12-11-85
"Étranger parmi vous", en résidence surveillée
La Croix du 18-10-86
Les vieux démons peuvent traverser la Méditerranée
Le Monde du 4-11-86

Le bonheur des pauvres
La Croix du 1 et 2-03-87
Le port du hijab, symbole d'infériorité?
La Croix du 30-11-89
Les immigrés algériens : du provisoire à l'incertain
El Watan du 2-07-92
Les Arabes, tous des cousins!
La Croix du 20-7-95
Les clandestins, armée de réserve contre l'inflation
La Croix du 14-5-96

V. Société, santé et éducation

Le remède de la prévention
Le Monde du 6-06-80
La prévention serait-elle une science
La Croix du 20-12-83
L'autorité ne se mesure pas en décibels
La Croix du 22-03-84
La plus noble des civilisations
La Croix du 14-04-84
Le sentiment de lâcheté devant les pauvres
La Croix du 10-10-84
La prévention, une science utile
La Croix du 8-01-85
Trois conceptions de la santé
La Croix du 12-02-85
L'État providence
Algérie-Actualité n° 1044 du 17 au 23-10-85
Qui avait peur de la "Sécu." en 1945 ?
La Croix du 29-10-85
Sécurité sociale, instrument politique
La Croix du 9-10-87

Peut-on évaluer l'enseignement?
La Croix du 26-08-88
Le bac... et après?
La Croix du 25-26/9-88
Demain la société post-industrielle
La Croix du 18-01-89
Une ferme contre une agrégation
La Croix du 29-10-88
Entre le métier et la profession
La Croix du 1-03-89
Réformer les universitaires
La Croix du 16-01-96

Paris, le 23 novembre 1996

LETTRE N° 24

à Monsieur Le Professeur Dumas
Doyen de la Faculté des Lettres et sciences humaines
Université du Val de Marne, Paris XII

Paris, le 18 octobre 1996

Monsieur Le Doyen,

Après ma soutenance de thèse de Doctorat d'État en 1990, j'ai essayé de candidater dans quelques universités françaises, en croyant naïvement qu'il suffisait de produire pour être admis sur la liste des maîtres de conférences et espérer légitimement se faire titulariser quelque part. En effet, l'année dernière, par exemple, j'ai candidaté en AES où un poste de maître de conférences a été créé. Je connais ce département pour y avoir collaboré de 1985 à 1990. Ma candidature n'a pas été retenue, mes dix-sept années d'expérience dans l'enseignement supérieur français, ma thèse d'État, mes treize ouvrages, mes huit années d'expérience en entreprise, ma centaine d'articles dans les revues et journaux (français et étrangers) n'ont pas pesé grand-chose face à (...) fortement soutenu par un réseau de relations internes et externes.

Partout où j'ai candidaté j'ai découvert des pratiques de recrutement qui me font désespérer du "pays des droits de l'Homme" que j'ai choisi en quittant ma situation en Algérie. Mon cas semble intéresser très sérieusement un chercheur français qui compte publier un dossier sur la situation statutaire des professeurs étrangers en France.

Je collabore pour l'ensemble des départements de sciences humaines depuis 1989. Vous avez certainement eu des échos de mon enseignement à travers les rencontres avec les étudiants du département d'histoire. Je souhaite, de votre part, un témoignage écrit sur le service que j'ai pu rendre à votre département. Il ne s'agit nullement d'une recommandation quelconque qui pourrait servir pour postuler, mais simplement d'une appréciation sur le service rendu en tant qu'enseignant.

En fait, l'opinion française a besoin de savoir si l'université française fait de la charité en nous accueillant, nous enseignants étrangers en situation régulière, ou au contraire si nous apportons notre contribution au développement culturel et scientifique de ce pays qui nous a accueillis à nos moments difficiles.

Ce témoignage écrit sera inséré au dossier comportant les rapports et les correspondances échangées lors des procédures de recrutement, dossier que je remettrai à ce chercheur dès qu'il sera complété par votre appréciation sur mon travail d'enseignant.

Je compte sur votre compréhension et vous prie de croire, Monsieur Le Doyen, à l'expression de mes sentiments les meilleurs.

M. Lakehal

1996

TÉMOIGNAGES DE SYMPATHIE LETTRES DE SOUTIEN ET LETTRES DE RECONNAISSANCE

LETTRE N° 25

adressée par L. FOLIGNÉ
2e année Classe de Concours Attaché d'Administration
année universitaire 1995-1996

Monsieur Lakehal, si j'osais, je vous demanderais de transmettre à Mokhtar Lakehal, votre alter ego, quelques remerciements. J'ai eu, en effet, lors de la formation/préparation au DESAM — Concours Attaché — proposée par le CEFRAL, l'occasion de découvrir l'économie et d'y être initiée. A 40 ans, j'ai effectué depuis l'âge de 19 ans ma carrière dans la Fonction Publique par concours internes, mais ne suis "diplômée" que du BEPC.

La manière dont l'économie (Science, mécanismes et théories) m'a été enseignée, expliquée et efficacement inculquée par Mokhtar Lakehal, m'a permis d'acquérir un ensemble de connaissances dans cette matière riche, actuelle et captivante.

Merci, M. M. Lakehal

LETTRE N° 26

adressée par F. COLAS, 2e année
Classe de Concours Attaché d'Administration
année universitaire 1995-1996

La préparation au concours d'Attaché s'achève et je tiens à vous remercier de l'aide que vous m'avez apportée, tout au long de cette année et demie.

Je suis aujourd'hui capable de comprendre et d'expliquer les mécanismes économiques principaux. Je me considère apte maintenant à me confronter aux autres candidats du concours, notamment dans cette matière que je ne maîtrisais pas.

C'est grâce à votre enseignement, à la clarté de vos explications, à votre obstination devant un auditoire peu expérimenté en la matière, que le résultat a pu être obtenu. Vous avez toujours été présent pour répondre à nos questions, à nos soucis et je vous en remercie.

LETTRE N° 27

adressée par D. BARRET, 2e année
Classe de Concours Attaché d'Administration
année universitaire 1995-1996

À présent que les cours sont finis et que la dernière ligne droite vers le concours se profile à l'horizon, je tenais à vous remercier pour votre apport.

Il a fallu que j'atteigne l'âge (canonique) de 40 ans, et cette préparation, pour réellement découvrir l'économie, me passionner même, au point de reprendre des lectures d'ouvrages et de journaux que je pensais avoir définitivement écartés.

Cette ouverture est certainement due au fait qu'aux théories présentées vous y avez inclu une chose oubliée par les autres : la place de l'homme dans le système.

Quoi qu'il en soit, je me sens désormais tout à fait prêt face à ce concours... et aux autres.

Un grand merci

LETTRE N° 28

adressée par M. GANDOLPHE, Cycle Court, Concours Attaché d'Administration année universitaire 1993-1994

Un grand merci à vous, en tous cas, pour avoir fait aimer l'économie à des gens qui (comme moi) n'en avaient jamais fait, et qui portaient, jusque là, un jugement plutôt négatif sur cette matière... Vous n'avez pas prêché dans le désert!

En vous souhaitant une bonne rentrée universitaire

Amicalement.

LETTRE N° 29

adressée par P. ROLLIER, 2e année
Classe de Concours Attaché d'Administration
année universitaire 1995-1996

J'attendais la fin de cette formation pour vous faire part de mes impressions, après avoir bénéficié de vos enseignements.

J'avais de la matière que vous enseignez l'idée d'une discipline rébarbative. J'imaginais que cela allait être très difficile... et ça l'a été... En revanche, je ne me doutais pas que cela allait être aussi passionnant... Mes souvenirs "d'économie" dataient du lycée et de la première année de faculté de droit. Je me souvenais d'équations obscures, de chiffres à apprendre par coeur, de graphiques incompréhensibles et de termes abscons... Depuis, en lisant mon "quotidien", j'évitais soigneusement la page "Économie" qui me semblait écrite dans une langue étrangère...

Pourtant, je trouvais que le fait de ne pas comprendre cette matière me faisait vraiment défaut. Avec le temps, j'avais quand même repéré quelques principes, mais mes connaissances devenaient très empiriques. Je détestais me retrouver face à des gens qui affirmaient : "il faut...! augmenter les salaires, baisser les taux d'intérêts, libérer les prix, indexer, désindexer, etc ..." sans pouvoir répondre, sans pourvoir argumenter.

Je ne prétends pas maintenant maîtriser les causes et les conséquences de ces diverses politiques, mais je comprends mieux à quoi cela fait référence, comment s'articulent les différents phénomènes économiques et dans quel contexte. Et surtout, je sais où et comment chercher lorsque je me pose des questions dans ce domaine.

J'ai suivi une première fois vos cours en 1994, mais j'ai dû interrompre ma formation avant la fin de l'année; je l'ai ensuite reprise en 1995.

Je me souviens qu'au début, j'étais assez agacée par votre intransigeance. Il me semblait que vous ne preniez pas assez en considération le fait que nous suivions cette formation tout en assurant nos responsabilités professionnelles et familiales. Ensuite, j'ai apprécié votre rigueur et finalement, votre tolérance. Vous aviez raison d'être aussi exigeant au début. Être obligé de rendre, à une date précise, un devoir fait chez soi impose de ne se consacrer qu'à cela pendant quelques heures, de lire des documents et de prendre le temps de bien comprendre les divers mécanismes. C'est comme cela que j'ai commencé à vraiment apprécier "l'économie".

J'avais beaucoup aimé vos cours tels que vous les faisiez avant leur transcription : pas de chiffres (ou très peu), pas d'équations ni de mathématiques, pas de langage obscur... à chaque fois, toutes les démonstrations ou les théories illustrées d'exemples simples, parlants. Après que vos cours aient été repris sous forme de livres (Analyse économique et théories économiques), j'ai trouvé cela plus contraignant. Il fallait lire certains chapitres avant le cours pour pouvoir aborder directement de façon pratique le traitement de sujets. C'était plus difficile, en considération du peu de temps disponible pour étudier, mais finalement très profitable. J'ai appris à jouer avec les idées pour argumenter sur les sujets proposés et j'ai lu et découpé soigneusement tous les articles "économiques" que j'ai trouvés dans la presse.

Par ailleurs, j'ai acheté plusieurs ouvrage pour me documenter sur les "péripéties" de l'économie nationale, mondiale au cours de ces dernières décennies. Et ensuite, je suis allée à la bibliothèque de la fac et j'ai lu avec plaisir certains de vos ouvrages (systèmes économiques et stratégies de développement : le capitalisme, le temps des ruptures et aux pays du socialisme réel; la richesse des besoins, l'optimum d'injustice sociale). J'ai trouvé ce dernier livre particulièrement intéressant. J'aime beaucoup l'histoire contemporaine et grâce à ces livres, j'ai pu associer la dimension économique à ce que je savais déjà, ça a été pour moi une trouvaille! Dire que j'ai tout assimilé serait faux, en tout cas, ça m'a rendue encore plus curieuse et, surtout, je n'ai plus aucune appréhension pour me remettre à étudier cette matière, maintenant que j'ai "terminé ces études". Il s'agit pour moi d'un paradoxe. J'avais hâte d'en finir avec cette formation parce que ça me prenait trop de temps et maintenant que c'est terminé, je suis pressée de m'y mettre pour tout relire tranquillement, sans contrainte. Relire vos livres, pourquoi pas, mais aussi tous les articles accumulés et les autres livres achetés dont je n'ai souvent parcouru que les chapitres utiles à ce moment-là dans le cadre de la formation.

Peut-être que je n'aurai jamais ce concours, car il n'y a pas que l'économie comme épreuve, mais ce n'est pas grave car je sais que je n'ai pas perdu mon temps.

C'est donc sincèrement que je vous remercie Monsieur Lakehal, pour le sérieux avec lequel vous avez assuré vos cours? J'ai apprécié, outre vos compétences, votre disponibilité pour répondre à chacun, sans jamais ironiser ou railler lorsque les propos des uns ou des autres étaient confus ou sans lien direct avec le sujet. Jamais de mépris ni de jugement de valeur et toujours des explications simples et claires, empreintes d'humanisme.

J'ai apprécié le regard que vous portez sur la situation économique et politique mondiale. Votre sensibilité, en tant qu'algérien enseignant en France, aux avantages et aux inconvénients pour le monde occidental et pour les pays moins favorisés des différents choix économiques possibles, vous conduit, à chaque fois, à peser tous les aspects des théories que vous mettez en avant. C'est une dimension supplémentaire que vous apportez à vos cours. L'école française laïque nous a surtout appris à voir les choses par le petit bout de la lorgnette, à peser les avantages et les inconvénients pour une France hégémonique... J'ai bien aimé vos illustrations s'appuyant sur votre culture (ex: le sage, la feuille, le seau et la goutte d'eau ...) j'ai apprécié que, de temps à autre, vous nous bousculez un peu en remettant en évidence les conséquences pour les PMA, de notre confort (même s'il n'est que celui de petits cadres de la Fonction Publique). En deux ans, je n'ai pas réussi — mais cela ne me regarde pas — à déterminer quelle peut être votre sensibilité politique. C'est signe que vous abordez votre matière avec empathie et en laissant à chacun son libre arbitre.

J'espère que vous aurez néanmoins bousculé vraiment certaines personnes en les forçant à réfléchir sur les raisons qui peuvent conduire des gens à émigrer (je ne parle pas de vous évidemment); je songe à ceux qui ont quitté un pays misérable pour venir profiter de l'opulence occidentale et qui échouent dans nos salles d'attente de services publics... Ceux à qui il manque souvent le bon papier pour "avoir droit à" et qui ont tant de mal à comprendre et à se faire comprendre ... Que les cours d'économie aient au moins servi à cela ne serait pas négligeable.

Bon courage, j'espère que votre carrière professionnelle récompensera tous vos efforts et que vous pourrez continuer à enseigner, tant à des jeunes étudiants qu'à des gens comme moi qui reprennent les études après 20 ans d'activités professionnelles. Je vous adresse mes sincères salutations.

Merci encore

LETTRE N° 30

adressée par C. CHARTER
Classe Préparatoire, Module Économie-Finances
année universitaire 1995-1996

L'objectif de ce module était de permettre à chaque stagiaire d'acquérir les connaissances nécessaires et développer ses capacités d'analyse pour se présenter au concours d'Attaché.

L'enseignement de Monsieur Lakehal est fondé sur deux piliers essentiels:

1. L'apprentissage d'une méthode rigoureuse permettant l'organisation des idées et la construction des argumentations.
2. L'apport des théories économiques explicitées dans leur contexte historique et sociologique (même philosophique).

Avant les cours de Monsieur Lakehal, l'économie était pour moi construite autour de statistiques diverses et de formules mathématiques. Je "sentais" la nécessité de m'y intéresser sans savoir par quel "bout" l'appréhender.

Après les cours de Monsieur Lakehal, d'une part j'ai acquis une compréhension globale des systèmes économiques mondiaux et suis capable de faire le lien entre les différents concepts économiques. D'autre part je sais désormais où aller chercher l'information si j'ai besoin d'approfondir un sujet précis. Ceci est dû selon moi à la pédagogie proposée par Monsieur Lakehal, mais aussi à un gros travail de lecture et d'entraînement de la part du stagiaire.

Globalement, je suis satisfaite de cette formation car je peux me présenter au concours armée de réels atouts (qui restent malgré tout à enrichir perpétuellement, mais ceci est mon affaire).

LETTRE N° 31

adressée par Ch. SPIRE,
Module Droit-Sciences économiques, DEUG Histoire,
année universitaire 1995-1996

Les cours de M. Lakehal sont passionnants. L'étude précise d'une grande partie des domaines économiques, des notions fondamentales, des connais-sances théoriques ainsi que des mécanismes économiques me permet désormais de comprendre et de porter un jugement critique sur les débats actuels.

J'ai ainsi développé des capacités d'analyse et de synthèse, essentielles pour construire un discours économique cohérent, grâce à la précision et au souci d'explication vivante et riche manifesté dans ses cours.

LETTRE N° 32

adressée par A. GAUSSET, Cycle Transitoire CNFPT Concours d'Attaché d'Administration année universitaire 1995-1996

J'ai suivi les cours d'économie de Mr LAKEHAL de février à juin 1996. Auparavant, j'avais étudié les sciences économiques jusqu'en licence à la faculté de Paris XII, Saint Maur (début des années 80).

Même si l'on considère que l'économie et donc son enseignement évolue qu'elle suit aussi les modes, je dois reconnaître que l'enseignement suivi en 1996 n'a que peu de ressemblance avec ce que j'avais pu voir à l'université. J'avais le souvenir d'une discipline très théorique et extrêmement centrée sur elle-même, éloignée de la réalité de la vie économique telle qu'on peut la percevoir individuellement.

Je crois, qu'au delà des clichés, Mr LAKEHAL ne se cantonne pas à la "science" économique qui est aujourd'hui très galvaudée : tout client du moindre "café du commerce" a un avis sur toutes sortes de questions d'économie mais traite d'amateurs les économistes en général qui ont la mauvaise réputation de se tromper souvent (l'économiste ne détient pas la légitimité d'un médecin, d'un juriste).

Or Mr LAKEHAL, loin de se retrancher derrière un enseignement académique, ouvre son analyse aux domaines encore moins "scientifiques" et encore plus "humains" comme la sociologie, la philosophie, l'ethnologie ... et s'autorise à indiquer les limites de sa propre discipline. De même il confronte les théories qu'il enseigne aux groupes souvent absents des analyses (les femmes, les minorités, les nouveaux pays en développement).

Cette année de cours m'a personnellement réconciliée avec la science économique, et continue de m'inciter à regarder de plus près les publications et informations à caractère économique au quotidien. Par ailleurs, la méthodologie apprise, il est vrai avec difficulté, est restée bien vivante dans les mémoires de mes collègues et de moi-même lors de nos dissertations de culture générale de cette année.

LETTRE N° 33

de Monsieur Le Doyen de la Faculté des Lettres et sciences humaines de l'Université de Paris XII-Créteil

Créteil, le 25 février 1997

Cher Monsieur,

Suite à votre lettre[1], je dois vous dire que je partage votre émoi. Vous avez eu un échange téléphonique avec le directeur du département d'Histoire, Monsieur le Professeur Bély, qui a eu l'occasion de vous exprimer sa perception de la situation. Son témoignage confirme le fait que vos enseignements ont réussi dans le département d'Histoire et que vous êtes très consciencieux.

Je vous prie d'agréer, cher Monsieur, l'assurance de mes sentiments les meilleurs.

B. DUMAS

---

[1] Lettre n° 24, pages 151 et 152

SOMMAIRE

Reproduit et achevé d'imprimer
par EVIDENCE au Pléssis Trévise
en Mars 1997
N° d'imprimeur 248